창의융합 교과 연계
퍼즐탐정 썰렁홈즈 5 수학자 '더하길 모테'와 한판 승부

발행일	2024년 12월 30일
글쓴이	김원섭(동아사이언스)
그린이	김석
펴낸이	이경민
펴낸곳	㈜동아엠앤비
출판등록	2014년 3월 28일(제25100-2014-000025호)
주소	(03737) 서울특별시 마포구 월드컵북로22길 21, 2층
전화	(편집) 02-392-6901 (마케팅) 02-392-6900
팩스	02-392-6902
전자우편	damnb0401@naver.com
SNS	

ISBN 979-11-6363-912-1(74410)
    979-11-6363-907-7(세트)

1. 책 가격은 뒤표지에 있습니다.
2. 잘못된 책은 구입한 곳에서 바꿔 드립니다.

도서출판 뭉치는 ㈜동아엠앤비의 어린이 출판 브랜드로, 아이들의 지식을 단단하게 만들어 주고, 아이들의 창의력과 사고력을 키워 주어 우리 자녀들이 융합형 사고뭉치와 창의뭉치로 성장할 수 있도록 좋은 책을 만들겠습니다.

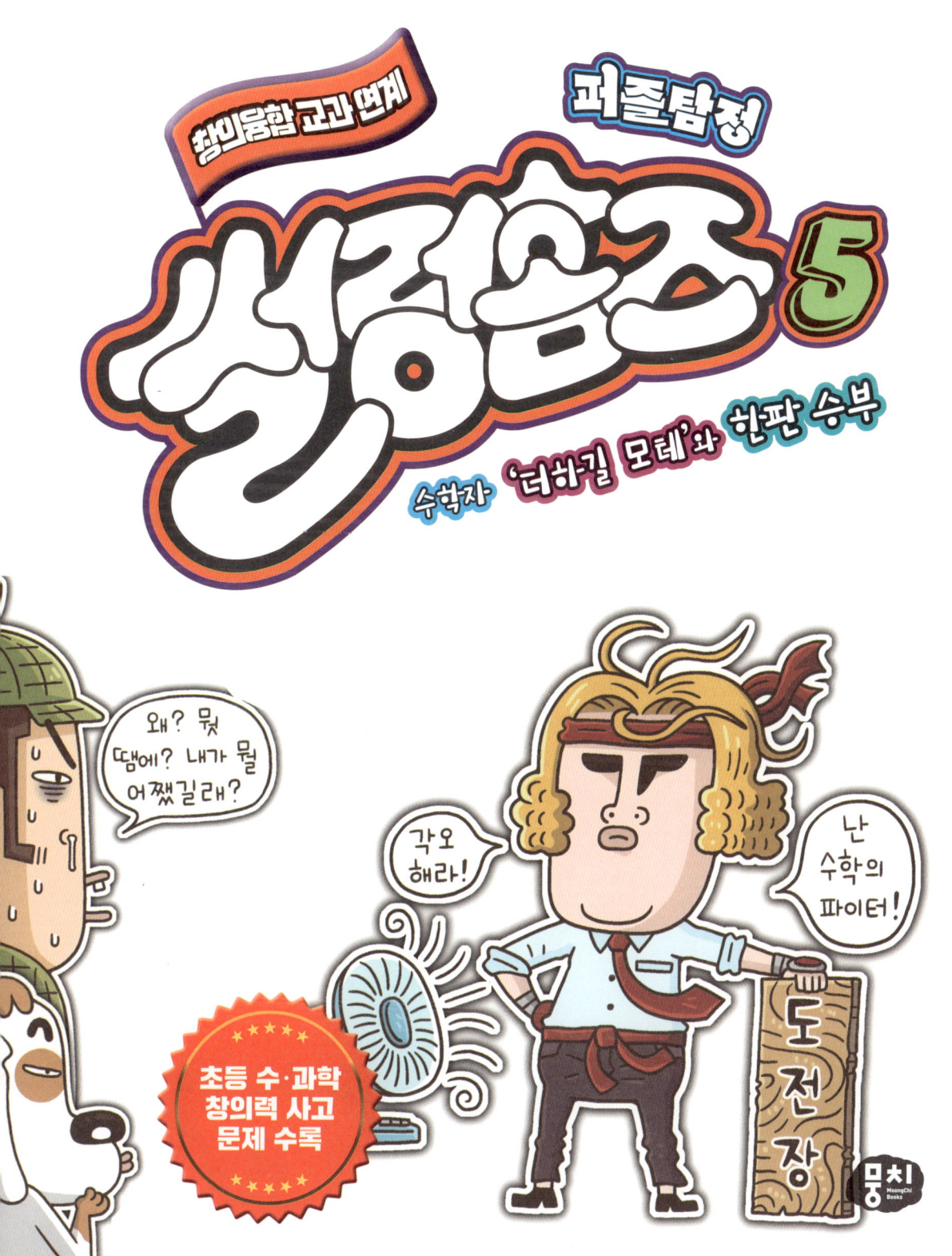

작가의 글

'퍼즐'이라는 단어를 인터넷에 검색해 보면 '어려운 문제, 또는 생각하게 하는 문제'라고 나옵니다. 호기심 동물인 우리 인간은 이런 작고 큰 '문제'를 풀면서 한 단계씩 뇌를 진화시켜 왔습니다. 그런 의미로 퍼즐은 우리 인간과 떼려야 뗄 수 없는 관계로 항상 존재해 왔다고 해도 틀린 말은 아닐 것입니다. 퍼즐탐정인 썰렁홈즈는 그런 우리 인간을 대표하는 가상의 캐릭터입니다. 조금은 어수룩해 보이는 썰렁홈즈를 돕기 위해서 책에 나와 있는 18개 사건을 함께 해결하다 보면 우리의 뇌도 조금씩 진화합니다.

'퍼즐탐정 썰렁홈즈'에는 72개 문제가 들어 있습니다. 서로 다르거나 같은 그림을 찾아내는 관찰력 문제에서부터 주의력이 필요한 미로 문제가 있으며, 도형이나 수열, 방정식과 같은 수학 문제도 들어 있습니다. 수학뿐만 아니라 때로는 교과 과정에 수록된 과학 상식이 필요할 때도 있으며, 과학적 지식이 필요한 낱말을 알아야 풀 수 있는 퍼즐도 있습니다. 썰렁홈즈가 사건을 하나하나 해결할 때마다 여러분들의 머릿속에도 창의력과 추리력, 과학 상식이 차곡차곡 쌓이기를 기대합니다.

'퍼즐탐정 썰렁홈즈'의 또 다른 매력은 엉뚱한 사건의 진행과 허무한 반전 그리고 독특한 캐릭터 이름에 있습니다. 스팸문자의 달인 '머완는지 궁구마니', 괴짜 천문대장 '저벼리 빈나리', 거울나라의 공주 '반대루댈레나', 국립도서관 사서 '다바쓰믄 돌리도' 등 그 이름만 들어도 알 수 있는 재미있는 캐릭터들이 등장합니다.

독특한 이름의 캐릭터와 함께하는 썰렁한 사건 해결을 통해 두뇌 계발의 묘미와 재미에 푹 빠져 보시기 바랍니다.

김원섭

추천의 글

사람들은 동물들과는 달리 말과 글을 만들어 내었습니다. 말과 글을 이용하여 사람들은 혼자서는 알아내기 어려운 많은 것들을 다른 사람들로부터 배웁니다. 그런 것이 쌓여서 우리는 문명과 문화를 가지게 된 것입니다. 그러나 말과 글의 일부가 어떤 이유로 가려지거나 변해 버리면 이 모든 것이 퍼즐로 변해 버립니다. 어른들은 10대들이 쓰는 말을 이해하지 못하고, 10대들은 어른들이 쓰는 단어를 알지 못합니다. 그런데 어떤 사람들은 들어 보지 못했던 말이 어떤 의미인지 알아내는 사람이 있습니다. 퍼즐을 풀어내는 사람은 사람들 사이의 오해와 불신을 풀어내는 일을 할 수 있습니다. 숨겨진 뜻을 알아내고 다른 사람들이 이해할 수 있도록 설명해 줍니다. 그래서 사람들이 '아하'라고 하며 무릎을 치도록 합니다.

퍼즐의 재미는 숨겨져 있는 뜻을 발견하는 데 있습니다. '퍼즐탐정 썰렁홈즈'는 글과 그림 속에 감춰진 뜻을 찾아내라고 던지는 문제들과, 그 안에 숨겨진 이야기들을 설명하고 보여 주는 해설로 이루어져 있습니다. 생각해 보고 답을 읽으며 새로운 이야기를 배우는 과정을 반복하게 됩니다. 그러는 가운데 우리 어린이들은 많은 이야기들을 흥미 있게 읽게 됩니다. 동시에 감추어진 의미를 찾아보는 지적 모험을 하게 됩니다. 많은 이야기를 알게 됨으로써 좀 더 퍼즐을 잘 풀어 낼 수 있게 됩니다. 그리고 흥미와 자신감을 얻어 나가게 되고 흥미로운 퍼즐은 좋은 대화의 소재가 됩니다. 지혜를 뽐내기도 하고 다른 사람의 지혜를 배우기도 합니다. 세상은 퍼즐로 가득 차 있습니다. '퍼즐탐정 썰렁홈즈'에 들어 있는 이야기들은 우리를 신나는 퍼즐의 세계로 안내해 줄 것입니다.

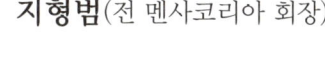

지형범(전 멘사코리아 회장)

셜록 홈즈는 누구인가

사실 사건은 이렇게 시작되었다. 1887년 영국, 희뿌연 안개가 자욱한 어느 날. 복잡하고 미묘한 살인 사건의 해결을 담당한 명탐정 셜록 홈즈가 현장 검증을 하고 있었다. 언제나 그의 옆을 지키고 있던 왓슨과 함께……. 하지만 그 뒤로 아무도 알지 못하는 또 다른 인물이 있었으니 그의 이름은 '설문수', 그는 셜록 홈즈의 사건을 꼼꼼히 적어서 사건 일지를 만들고 있는 조선의 과학 수사 관이었다.

그가 남긴 기록은 이루 말할 수 없었다. 왜냐고? 사실 셜록 홈즈의 모든 사건을 꼼꼼히 관찰하여 기록한 사건 일지를 송두리째 잃어버렸기 때문이다. 3년이라는 시간을 허비하고 허무하게 조선 땅으로 돌아온 설문수는 원인 모를 병으로 시름시름 앓다가 한 마디 유언을 남긴 채 세상을 떠나게 된다.

'내가 잃어버린 것을 찾아 다오.'

그 유언을 이어받고 태어난 그의 아들의 아들의 아들이 있었으니 그의 이름이 바로 '설혼주' 그는 증조할아버지의 유언에 따라 잃어버린 것을 다시 찾기로 했다. 그러기 위해서 가장 활동하기 편한 직업을 선택했다. 그것은 바로 '탐정'이었다.

설혼주는 먼저 세계적인 탐정으로 인정받기 위해 이탈리아에서 열리는 국제 탐정 심포지엄에 참석했다. 그런데 이게 웬일? 그 많은 탐정들이 모인 곳에서 도난 사고가 일어났다. 잃어버린 것은 중국의 탐정 '모찬닝'이 아끼는 강아지 '싸똥'이었다. 세계 유명 탐정들도 당황하고 있는 이때, 등장한 인물이 있었으니 바로 우리의 탐정 '설혼주'였다.

"참, 우습군. 이렇게 많은 탐정들 중에서 범인을 찾아내지 못하다니. 내가 간단히 해결하지. 범인은 바로 이 음식을 만든 주방장 '만둥찐당'이오! 아까 잠시 나갔다가 주방으로 들어가는 것을 보았는데, 그의 왼쪽 세 번째 손가락 손톱 끝에 잃어버린 강아지의 털이 있고 그의 오른쪽 콧구멍 아래에도 역시 강아지의 털이 한 개 있었소이다. 게다가 왼쪽 발 두 번째 발가락 사이에도……."

세심하고 놀라운 관찰력에 참석한 모든 탐정들이 입을 쩍 벌렸고 기자들이 몰려들었다. 그리고 사건을 해결한 설혼주는 이탈리아의 유명한 탐정 신문인 '다해겨래'에 대서특필되었다.

'코레아의 위대한 탐정이 사건 해결!

그의 이름은 설렁혼즈(설혼주)'

세계적인 탐정인 설렁혼즈가 탄생하는 순간이었다. 그의 이름은 순식간에 세계로 퍼지게 되었다. **설혼즈, 설렁혼즈, 썰렁혼즈, 썰렁홈즈…….**

그리하여 이 책의 주인공인 썰렁홈즈가 탄생하게 되었다.

잠깐! 그런데 한 가지 여러분들만 알고 넘어갈 일이 있다.

사실 애완견 '싸똥'의 사건은 고등학교 동창인 '만둥찐당'과 썰렁홈즈가 만들어 낸 연극이었다는 사실. 그건 그렇고 증조할아버지의 유언은 언제 해결하남?

퍼즐을 푸는 키포인트

앞에 등장한 등장인물 소개와 배경 설명을 꼼꼼하게 읽은 친구들은 이 책이 뭔가 심상치 않다고 느꼈을 것이다. '과연 무슨 책일까?' 하고 의심을 품은 친구들도 있을 것이다. 이 책을 한 마디로 말하면 '사람들이 가장 좋아하면서도 알쏭달쏭하게 생각하고 또 의아하게 생각하는 퍼즐을 통해 수학의 여러 가지 개념과 자연과학의 지식, 논리력, 사고력, 창의력 계발'을 목적으로 하는 책이라고 할 수 있다. 책을 읽기 전에 '사람들이 가장 좋아하면서도 알쏭달쏭하게 생각하고 또 의아하게 생각하는 퍼즐을 통해 수학의 여러 가지 개념과 자연과학의 지식, 논리력, 사고력, 창의력 계발'이라는 목적 달성을 위해 책을 읽는 방법에 대해 설명하고자 한다.

1. 18개의 사건, 72개의 문제

『퍼즐탐정 썰렁홈즈』에서는 18개의 사건과 72개의 문제가 나온다. 각각의 문제는 논리 사고력 문제, 도형 문제, 수 개념 문제, 미로 찾기, 틀린 그림 찾기, 자연과학 상식 등 다양하게 구성되어 있다. 문제는 물론 썰렁홈즈가 해결하지만 독자인 여러분도 함께 해결해 주어야 한다. 각각의 문제에 도전하여 풀면서 자신의 인내와 논리 사고력을 충분히 시험할 수 있는 계기가 될 것이다.

2. 세계적인 작명가 '머이리 이르미그래'의 활약?!

『퍼즐탐정 썰렁홈즈』의 가장 큰 특징은 재미있는 등장인물의 이름이다. 중국 최고의 만두 요리사 '만둥찐당', 그림자 마왕, '니가머래도 다비쳐', 동굴 탐험가 '어둥글차자스키', 비행기 테러리스트 '뱅기믄 다자바'처럼 각각의 성격을 잘 나타내는 이름의 등장인물들은 책의 재미를 더해 준다. 이 사람들은 모두 상상 속의 인물이며 국어의 문법과는 아무런 상관이 없음을 밝혀 둔다. 대신 그 외의 띄어쓰기나 문법은 교과서와 한글 맞춤법 통일안의 띄어쓰기에 기초하고 있다.

3. 퍼즐탐정을 만들어 낸 독특한 일러스트

『퍼즐탐정 썰렁홈즈』의 구성은 다른 퍼즐 책들과는 달리 각각의 이야기가 하나의 사건으로 구성되어 있다. 각 사건을 이끌어 나가는 주인공은 역시 썰렁홈즈! 이 썰렁홈즈에게 주어지는 문제는 일러스트레이터 김석 작가의 독특한 일러스트로 표현되어 있다. 문제에 따라 세심한 관찰력을 요구하기도 하고, 때로는 복잡한 미로를 통과하거나 색깔의 마술에 걸릴지도 모른다. 각 문제의 일러스트는 이야기를 이끌어 나가는 상황을 보여 주기도 하고 과학의 원리를 설명하거나 지식을 전달하는 매개체가 되기도 한다. 퍼즐 푸는 데에만 중점을 두지 말고 일러스트의 표현과 그 속에 담긴 위트까지 읽으면 재미 만점! 효과 만점!

4. 읽고, 보고, 또 공부하자!

18개의 사건으로 구성된 『퍼즐탐정 썰렁홈즈』는 사건 자체가 각각 별도로 구성되어 있다. 처음부터 끝까지 소설책을 읽듯 읽어 나갈 필요가 없다. 각 문제에서 자신이 원하는 사건을 확인해 가면서 18개의 사건을 모두 해결하면 자신도 모르게 논리력과 창의력이 부쩍 늘어나 있음을 확인할 수 있을 것이다.

차례

작가의 글 • 4
추천의 글 • 5
썰렁홈즈는 누구인가 • 6
퍼즐을 푸는 키포인트 • 8

사건 1   큰머리 외계인 '꿍짱마'의 지구 정복 • 14
사건 2   이상한 철도 나라의 '내려스' • 20
사건 3   숫자 퍼즐의 마술사 '팔각공주' • 26
사건 4   뱀 마을 아프리카 족장 비아미 젤무서 • 32
사건 5   섭섭박사 vs 썰렁홈즈 • 38
사건 6   선물 발송의 달인 '산타다 굴러스' • 44
사건 7   '지지리 마란드러'의 겨울 방학 숙제 • 50
사건 8   '만만바도 아우다라'의 초콜릿 공장 • 56
사건 9   거울 나라의 공주 반대루 댈레나 • 62

사건10 수학자 '더하길 모테'와 한판 승부 • *68*
사건11 사먹스섬의 철학자 '삐딱꼬라스' • *74*
사건12 전설의 마술사 '소킹거 다아라' • *80*
사건13 식물 부대 사령관 '꼬치라 부르리' • *86*
사건14 위대한 장난감 발명가 '애더리 시러라' • *92*
사건15 홈즈의 체육 선생님 '캡틴 어무셔라' • *98*
사건16 세계적인 곤충 박사 '징그러 몬만지네' • *104*
사건17 똑소리 나는 교관 '대충하지 마림다' • *110*
사건18 우리 동네 축구 감독 '메시가 혼난대두' • *116*

정답 및 해설 • *123*

큰머리 외계인 '꽁짱마'의 지구 정복

"꽁짱 마! 숭숭히 지구릉 내놓으시지."

받침은 이응밖에 못 쓰는 큰머리행성의 외계인 꽁짱마가 지구를 습격해 왔다. 그런데 하필 도착한 곳이 썰렁홈즈 집 마당이었다.

"우리능 지구잉 망응 등지 앙능다! 지구에 잉능 뭉응 모두 가져가겡다!"

외계인 꽁짱마가 노린 것은 물이었다. 하지만 지구에 물이 없으면 지구 생물도 살 수 없다. 위기에 처한 지구를 살리려고 썰렁홈즈가 꾀를 냈다.

"좋다! 한 가지 제안을 하지. 머리 큰 너희들이 문제를 내라. 문제를 못 맞히면 지구에 있는 물을 다 가져가도 좋다. 대신 모두 풀면 너희 별로 그냥 돌아가라!"

Mission 1 진짜 사진을 찾아라!

외계인 꽁짱마는 작전을 짜기 시작했다.
"좋다. 항 뭉제라도 몽 망히명 지구의 뭉응 모두 기져가겡디!" 말을 끝내자마자 외계인들이 이리저리 바쁘게 움직였다. 그리고는 몇 가지 그림을 보여 주었다.
"머리 위에서 찡응 사징이다. 어떻게 징짜잉지 망혀 봐라~!"

외계인 꽁짱마가 우주선 위에 올라타 있다. 위에서 사진을 찍었다고 했을 때, 어떤 모습으로 나올지 상상해서 맞혀 보도록 하자. 몇 번 사진이 진짜일까?

난이도 ★☆☆☆☆
제한시간 30초

Mission 2 선을 그어 연결하라!

"너무 쉬웡나? 이벙엥 어링엉다! 엉청 어려웅 뭉제릉 내겟다!" 외계인 꽁짱마는 갑자기 바닥에 바둑판을 그리기 시작했다. 그러고는 사각형 안으로 뛰어 들어갔다.

"이벙 뭉제능 성긍기 뭉제다! 똥강응 생깡응 가징 병응 이어야 항다!" 도대체 무슨 말이야? 발음이 이상해서 도무지 알아들을 수가 없었다. 잘 들어 보니 선긋기 문제로 똑같은 색깔을 가진 별을 서로 이으라는 문제였다.

가로세로 일곱 개씩 사각형이 있는 바둑판이 그려져 있다. 칸 안에는 같은 색깔을 띠는 별이 두 개씩 있다. 두 별이 만나도록 선을 그어 보자. 단 선들이 겹쳐서는 안 되고, 바둑판에 빈칸이 생겨서도 안 된다.

난이도 ★★☆☆☆
제한시간 2분

Mission 3 · 빈칸에 삼각형을 넣어라!

"앙 되겡다! 이러다강 뭉응 가져가지 몽하겡다! 정망 어려웅 뭉제릉 내지!" 두 문제를 모두 맞히자, 외계인들이 다급해지기 시작했다. 이번에도 사각형을 그리기 시작했다. 하지만 이번에는 칸 수가 더 적었다. "다음 사강형에서 두 캉이 비어 잉다. 두 캉에 어떵 화상표가 등어가능지 망혀 봐라!"

가로세로 네 칸으로 되어 있는 사각형 판이 있다. 여기에 삼각형들이 잔뜩 들어 있다. 대신 두 군데만 비어 있다. 어떤 규칙으로 삼각형이 배열되어 있는지 잘 생각해서 빈칸을 채워 보자.

난이도 ★★★☆☆

제한시간 2분

Mission 4 - 신비한 구슬의 숫자를 밝혀라!

"이벙이 마지망이다! 이제능 정대로 앙 바 중다!" 외계인 꽁짱마는 화가 머리끝까지 올랐다. 누군가 조금이라도 건들면 터져 버릴지 모른다. "여기에 우리 우주성이 잉다. 우주성 꽁에 싱비항 구승이 당려 잉지. 여기에능 비밍 숭자가 등어강다. 무승 숭자가 등어가야 하능지 망혀 봐라! 크흐흐!" 외계인 꽁짱마는 마지막 승부수를 던졌다.

가만히 위에서 우주선을 바라 보니 우주선이 7각형 모양이다. 구슬은 모서리와 변 중앙에 하나씩 들어가 모두 열네 개다. 한 변에 구슬이 세 개 있는 셈이다. 구슬에는 1부터 14까지의 숫자 중 하나가 한 번만 들어갈 수 있다. 한 변의 합이 26이 되도록 숫자를 넣어 보도록 하자.

난이도 ★★★☆☆
제한시간 5분

이상한 철도 나라의 '내려스'

9월 18일은 철도의 날. 우리나라에 경인선이 처음 운행한 1899년 9월 18일을 기념해서 지정했다. 썰렁홈즈는 철도의 날 기념 이벤트에 당첨되어 기차 여행의 행운을 얻었다. 뜻밖의 휴가를 떠나는 썰렁홈즈의 여행에 단짝인 다무러가 빠질 수 없다. 그런데 이들을 기다리는 건 만만치 않은 고난의 기차 여행이다. 평생 한 번도 기차에서 내리지 않았다는 차장 '아카몰래 내려스'가 운전을 맡았다. 과연 썰렁홈즈는 어떤 여행을 하게 될까?
친구들도 썰렁홈즈를 따라 함께 여행을 떠나 보자.

Mission 1: 좌석이 도대체 어디야?

썰렁홈즈는 기차표를 받고 신나게 플랫폼에 나섰다. 그런데 문제가 생겼다. 기차표에는 좌석 표시가 없었다. 혹시 문제를 풀어서 타야 할 기차와 좌석을 찾으라는 뜻? 뭔가 이벤트 같긴 한데 처음부터 머리가 아프다. 썰렁홈즈가 제대로 기차를 탈 수 있게 문제를 풀어 보자.

기차표에는 네모 칸 아홉 개가 있다. 네모 칸에는 연속된 아홉 개 숫자가 들어가며, 가로, 세로, 대각선의 합이 모두 같다. 이때 세 번째 줄의 첫 번째 칸은 기차 번호, 두 번째 칸은 차량 번호(기차는 보통 열 개 내외 차량이 연결돼 있음), 세 번째 칸은 좌석 번호를 가리킨다.

난이도 ★★★★★

제한시간 3분

Mission 2 : 기차 여행도 식후경

기차 여행하면 뭐니 뭐니 해도 맛있는 도시락을 먹는 재미가 최고다. 차장인 내려스는 썰렁홈즈와 다무러에게 세상에서 가장 맛있는 도시락을 가져다 주었다. 그런데 뭔가 이상하다. 도시락에 반찬 말고도 이상한 게 많이 들어 있다. 이게 다 뭐다냐?

숨어 있는 그림을 찾는 문제다. 도시락 안에 반찬 말고 들어 있는 아령, 연필, 바늘, 칫솔, 지렁이, 럭비공, 누름 못(압정)을 찾아보도록 하자.

난이도 ★★☆☆☆
제한시간 1분

Mission 3 공포의 유령 터널

"여러분들의 즐거운 기차 여행을 위해 잠시 뒤 깜짝 공포 이벤트를 시작합니다." 아카몰래 내려스가 안내 방송을 끝마치자마자 기차가 컴컴한 터널로 들어갔다. 갑자기 으스스한 소름끼치는 기분이 들더니 유령이 나타나기 시작했다. 도대체 이게 무슨 이벤트야!

알고 보니 유령들이 나타난 건 썰렁홈즈의 생일 파티를 위해서다. 축하하러 온 유령 친구들은 모두 몇 명일까? 알아맞혀야 이들이 가져온 푸짐한 생일 선물을 받을 수 있다.

Mission 4 끊어진 기찻길

드디어 기차 여행의 마지막 코스! 스릴 넘치는 기차 여행의 끝은 끊어진 철로 달리기다. 철로 일부분이 마치 블록처럼 움직이며 돌아간다. 어떤 철로를 어떻게 돌려야 무사히 도착할 수 있을까? 썰렁홈즈가 무사히 도착할 수 있도록 도와주자.

움직이는 기찻길은 90도씩 돌아갈 수 있게 되어 있다.
끊어진 기찻길을 어떻게 돌리면 이어질 수 있을까?
곰곰이 생각해 기차 여행을 안전하게 마무리해 보자.

난이도 ★★★☆
제한시간 1분 30초

숫자 퍼즐의 마술사 '팔각공주'

썰렁홈즈와 다무러는 '어린이 과학동아' 창간 기념 행사로 무엇을 할 수 있을지 한참 고민했다. 무려 100일 동안 고민한 끝에 썰렁홈즈는 어과동 명예기자가 되기로 했다. 하지만 편집장인 섭섭박사의 냉혹한 테스트를 거쳐야 했다. 바로 평생을 숫자 8과 살고 있는 숫자 퍼즐의 마술사인 '팔각공주'가 사는 팔나라에 가서 미션을 해결하는 것. 과연 썰렁홈즈는 무사히 어과동 명예기자가 될 수 있을까?

Mission 1 맛있는 8자 조각 피자

"반가워요. 저는 팔나라의 팔각공주라고 해요. 먼저 맛있는 피자부터 먹고 미션을…." 말하는 순간 팔각공주의 얼굴이 일그러졌다. 썰렁홈즈에게 대접하려고 준비한 피자를 누군가가 흩트려 놓은 게 아닌가? 무엇이든 각이 맞지 않으면 폭발해 버리는 팔각공주를 위해서 피자 조각을 맞춰 보자.

피자 여덟 조각이 흩어져 있다. 피자를 순서에 맞게 배열해 보자. 1번 피자 조각을 기준으로 하고, 오른쪽 시계 방향으로 맞춰야 한다.

난이도 ★★☆☆☆
제한시간 2분

Mission 2 이게 무슨 8자야?

"사실 피자 조각 찾기가 첫 번째 문제였어요. 잘 통과했군요. 이번에는 천장을 보세요."
천장을 바라 본 썰렁홈즈가 깜짝 놀란 표정을 지었다. 예상은 했지만 천장에도 온통 8자로 가득한 게 아닌가. 그런데 딱 한 칸에 물음표 표시가 있다. "네, 맞아요. 물음표 칸에는 어떤 8자가 들어가야 할까요?"

분명히 무슨 규칙이 있는 게 분명하다. 규칙을 찾아서 물음표에 들어갈 알맞은 그림을 찾아보도록 하자.

난이도 ★★☆☆☆
제한시간 3분

Mission 3 공포의 로봇8

"팔나라의 자랑인 로봇8을 꼭 타 보세요~." 썰렁홈즈는 로봇8을 타기가 싫었지만 어과동 명예기자를 포기할 수 없어 마지못해 탔다. 로봇8은 독특하게 생긴 놀이기구다. 한 칸 움직일 때마다 사다리꼴 로봇 기차가 돌아간다. 여덟 바퀴를 돌아서 공주가 말하는 위치에 오면 사다리꼴 로봇 기차는 어떤 모습으로 보일까?

팔각형으로 생긴 레일 위를 사다리꼴 모양의 열차가 바닥을 기준으로 시계 반대 방향으로 90도 돌아가는 희한한 놀이기구다. 공주가 말하는 위치, 즉 물음표가 표시된 곳까지 오면 사다리꼴 로봇 기차는 어떤 모습이 될까?

난이도 ★★★★☆
제한시간 5분

Mission 4: 우리 언제 8 까?

"이제 마지막 관문이에요. 저랑 알까기 한 판 해요~!" 알까기는 알까기인데, 규칙이 특이하다. 알은 각자 여덟 개로 팔각공주가 먼저 시작하고 서로 번갈아가며 순서대로 알을 깐다. 첫 번째 알을 깐 다음, 다음 사람은 5초 뒤에 알을 까야 한다. "하하, 그럼 문제를 낼까요? 당신이 여덟 번째 알을 깔 때는 몇 시가 될까요?"

현재 시각은 저녁 9시 30분 0초다. 팔각공주가 바로 알을 깐다고 했을 때 썰렁홈즈가 여덟 번째로 알을 까는 시간은 언제일까?

난이도 ★★★★☆
제한시간 9분

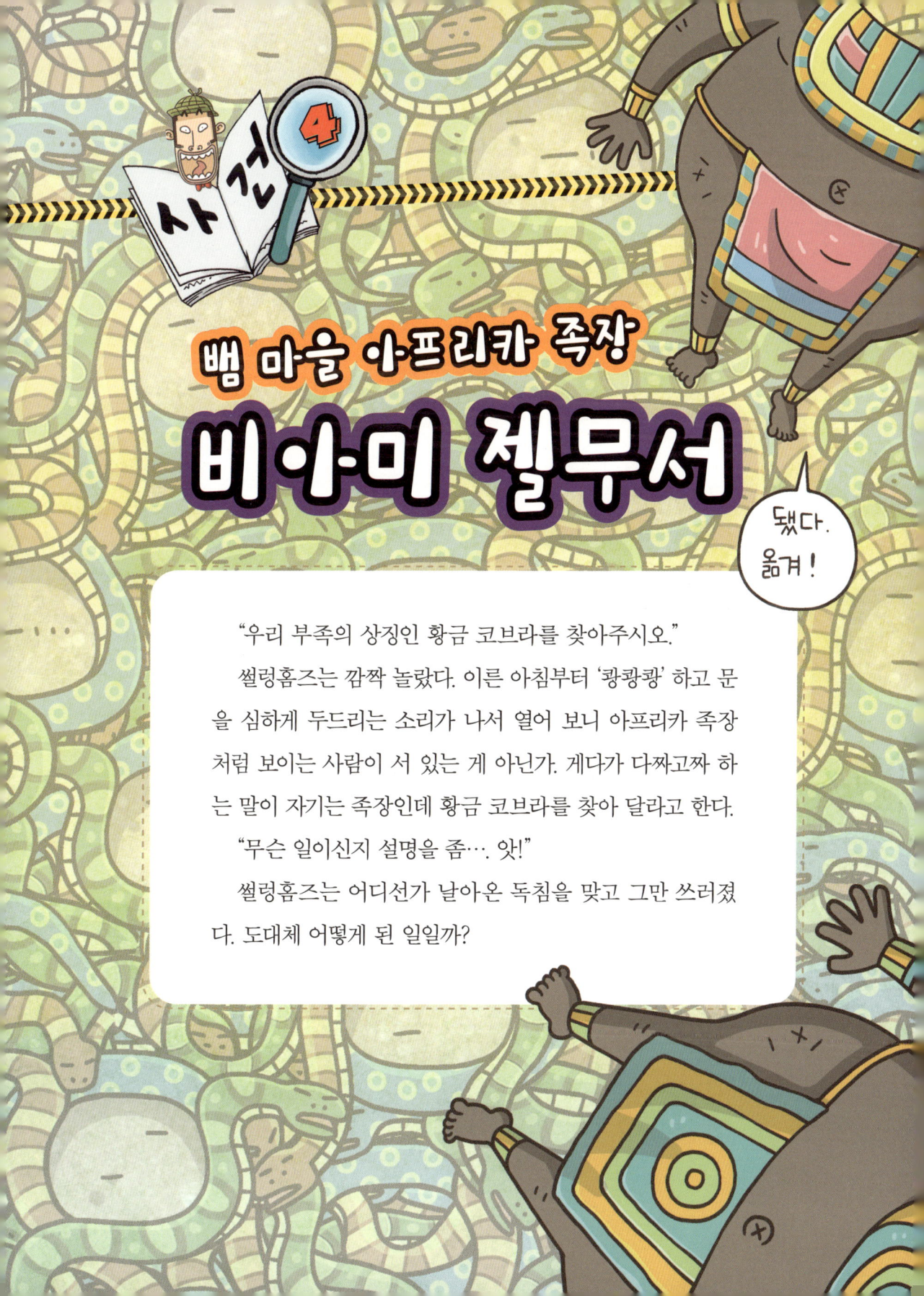

사건 4
뱀 마을 아프리카 족장
비아미 젤무서

됐다. 옮겨!

"우리 부족의 상징인 황금 코브라를 찾아주시오."
썰렁홈즈는 깜짝 놀랐다. 이른 아침부터 '쾅쾅쾅' 하고 문을 심하게 두드리는 소리가 나서 열어 보니 아프리카 족장처럼 보이는 사람이 서 있는 게 아닌가. 게다가 다짜고짜 하는 말이 자기는 족장인데 황금 코브라를 찾아 달라고 한다.
"무슨 일이신지 설명을 좀…. 앗!"
썰렁홈즈는 어디선가 날아온 독침을 맞고 그만 쓰러졌다. 도대체 어떻게 된 일일까?

Mission 1 — 깨우지 말고 통과하라!

얼마나 잠이 들었을까? 정신을 차려 보니 웬 정글에 와 있다. "쉿! 조용히 해. 뱀들이 겨울잠을 자고 있어. 시끄럽게 하면 이 녀석들이 깨어날지 몰라." 가만히 보니 아까 문을 두드렸던 그 아프리카 족장이다. "여기를 건너야 해. 녀석들이 깨지 않게 조심해서 말이야."

- 뱀들은 구멍 속이나 바위 아래에 모여서 겨울잠을 잔다.
- 손가락으로 뱀 사이를 걸어서 통과해 보자.
- 모든 빈칸을 통과해야 한다.

난이도 ★★☆☆☆
제한시간 10분

Mission 2 정글 속에서 뱀을 찾아라!

뱀 밭을 무사히 통과한 홈즈 일행에게 더 황당한 일이 벌어졌다. "여긴 뱀의 숲이야. 흩어져 있는 뱀들을 찾아서 저 가방에 넣어 가져가야 한다고!" 뱀을 찾긴 하겠지만 가방에 넣어 가져가야 한다고? 내키지 않지만 어쩔 수 없다.

뱀이 숲속에 숨어 있다. 곳곳에 숨어 있는 뱀을 찾아 가방에 담아 보자.

난이도 ★★☆☆☆
제한시간 10분

Mission 3 동굴 문을 열어라!

"드디어 황금 뱀 동굴을 찾았다!" 그런데 문제가 생겼다. 커다란 바위로 된 동굴 문이 굳게 닫혀 있는 것. "뱀 그림에 맞춰 돌을 끼우면 동굴 문을 열 수 있어!"

벽돌처럼 생긴 돌 위에 뱀 그림이 그려 있다.
조각을 그림 순서대로 맞춰 보자.

난이도 ★★★☆☆
제한시간 15분

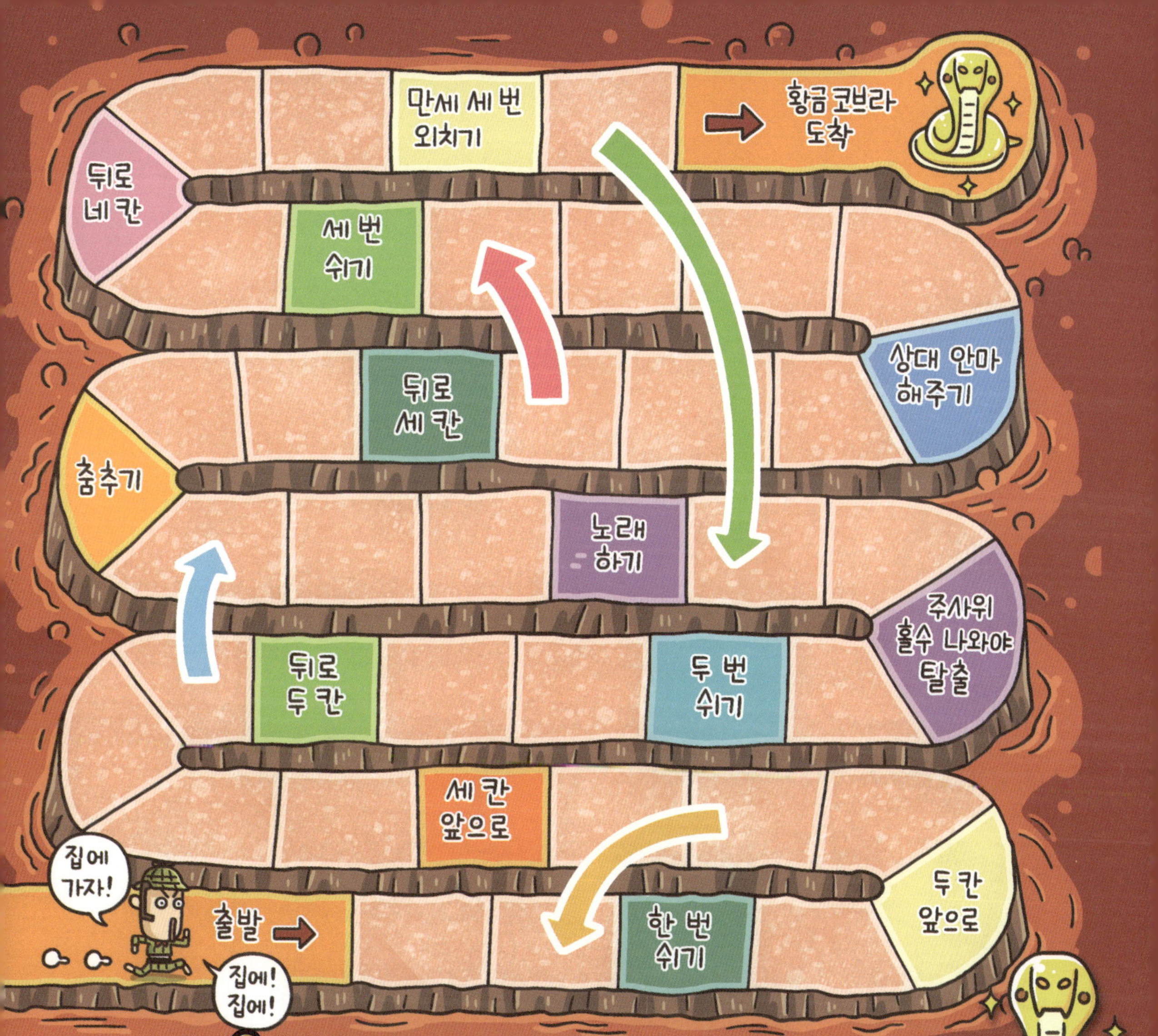

Mission 4 황금 코브라를 찾아라!

"얏호! 드디어 열렸다! 저기에 황금 코브라가…." 저기에 황금 코브라가 있었지만 한 번에 갈 수 없다. "주사위를 던져서 나온 지시대로 가야 해. 누가 먼저 가나 내기할까?"

두 사람이 게임을 해 보자. 주사위를 던져서 나온 지시대로 가면 된다. 먼저 황금 코브라에 도착하는 사람이 이긴다.

난이도 ★☆☆☆☆
제한시간 30분

사건 5
섭섭박사 vs 썰렁홈즈

'썰렁홈즈, 당신을 초대합니다!'
"뭐라고? 섭섭박사가 직접 초대했다고?"

초대장을 받은 썰렁홈즈는 뛸 듯이 기뻤다. 왜냐하면 '어린이 과학동아' 200호 기념으로 편집장인 섭섭박사로부터 초대를 받았기 때문이다.

"아마 만화 주인공 중에서는 내가 처음으로 초대받았을 거야. 썰렁홈즈를 편집하는 기자도 만나고, 친구들이 보내 온 엽서도 볼 수 있을 거야."

설레는 마음으로 다무러와 썰렁홈즈는 편집부로 향했다.

Mission 1. 16차원이 아니라 16층?

다무러와 썰렁홈즈는 떨리는 마음으로 어린이 과학동아 출판사가 있는 건물에 들어섰다. "아하! 16층이군. 하하, 섭섭박사는 16차원이 아니라 16층이었어!" 엘리베이터를 탄 썰렁홈즈는 순간 당황했다. "16층을 어떻게 가야 하지?"

엘리베이터 버튼이 뭔가 이상하다.
16층을 가려면 어떤 버튼을 눌러야 할까?

난이도 ★★★☆☆
제한시간 10분

Mission 2: 섭섭박사의 가위바위보 카드

섭섭박사는 16층에 도착한 썰렁홈즈에게 다짜고짜 카드를 주었다. 썰렁홈즈는 가위, 바위, 보가 각각 그려있는 카드를 세 장씩 모두 아홉 장을 받았다. 그리곤 섭섭박사도 똑같은 카드를 가지고 하나씩 내면서 가위바위보를 했다. "썰렁홈즈, 대단해요. 여덟 번 중에서 여섯 번이나 이겼어요. 그것도 각각 다른 카드 두 개씩으로. 그럼 마지막 카드로도 이길 수 있을까요?"

두 사람이 똑같은 카드 아홉 장을 가지고 한 장씩 내서 가위바위보를 했다. 썰렁홈즈가 여섯 번 이기고, 두 번 졌다고 했을 때, 마지막 카드를 내면 썰렁홈즈가 이길까? 아니면 질까?

난이도 ★★★☆☆
제한시간 10분

Mission 3 담당 기자, 박 기자를 찾아라!

"지금은 한창 마감이랍니다!" 썰렁홈즈는 '퍼즐탐정 썰렁홈즈'를 담당하고 있는 박 기자를 만나고 싶었다. "하하, 그냥 알려 드릴 수 없지요. 박 기자는 썰렁홈즈 기사를 마무리 하느라고 지금 굉장히 바쁘거든요? 누가 박 기자인지 한번 찾아보세요."

기자들이 하는 말을 잘 듣고 박 기자가 누구인지 찾아보도록 하자. 다섯 사람 중 두 사람이 거짓말을 하고 있다.

난이도 ★★★☆☆
제한시간 10분

Mission 4 잘못된 글자는 어떤 것?

"이렇게 직접 오셨으니까. 마감 현장 체험을 해 보도록 하세요." 섭섭박사는 썰렁홈즈에게 기사를 프린트한 교정지를 나눠 주었다. 이번 호 '퍼즐탐정 썰렁홈즈' 기사라서 더욱 관심이 갔다. "잘못된 오자가 다섯 개 있어요. 한번 찾아볼래요?"

섭섭박사가 썰렁홈즈에게 기사 교정지를 나눠 주었다.
잘못된 글자 다섯 개를 찾아서 수정하도록 하자.

난이도 ★★☆☆☆
제한시간 5분

사건 6

선물 발송의 달인 '산타다 굴러스'

"메리 크리스마스~!"

이제 열흘이 지나면 크리스마스다. 이맘 때면 가장 바쁜 사람이 있다.

바로 전 세계 어린이들에게 선물을 나눠 주는 산타클로스. 하지만 사실 더 바쁜 사람이 있다.

"호호호~, 올해도 잘 부탁합니다~. 호호호!"

사실 몇 년 전부터 산타클로스는 택배 회사에 맡겨서 선물을 보내고 있었다. 올해도 택배 회사 직원인 '산타다 굴러스'의 험난한 선물 배달 여행이 기대된다. 썰렁홈즈는 자원봉사로 굴러스를 돕기로 했다.

"그럼 출발~!"

Mission 1: 택배 전용 모터사이클 '루돌프'

산타다 굴러스의 가장 강력한 무기는 배달용 모터사이클 루돌프다. "루돌프가 잘 달리기 위해서는 휘발유를 가득 채워야 합니다. 밸브 좀 열어 주실래요?" 썰렁홈즈가 기름 탱크를 본 순간 깜짝 놀랐다. 기름 탱크에 달린 밸브가 하나가 아니었다.

휘발유(기름)가 새지 않게 하려면 어떤 밸브들을 열어야 할까? 밸브를 기름관과 수평이 되게 돌려야 기름이 흐른다.

난이도 ★★☆☆☆
제한시간 10분

Mission 2 선물의 개수는 맞을까?

"자~, 그럼 이제 선물을 실어 볼까요?" 산타다 굴러스가 능숙한 솜씨로 루돌프 뒷좌석에 선물을 잔뜩 실었다. 이걸 본 썰렁홈즈는 어떻게 이렇게나 많은 선물을 실을 수 있냐며 깜짝 놀랐다. 그런데 깜빡하고 몇 개나 실었는지 숫자를 세지 않았다. "선물이 모두 몇 개인지 확인해 주실래요?"

굴러스가 실어 놓은 선물은 모두 몇 개일까? 안 보이는 부분에는 보이는 부분과 같은 크기의 선물이 빠짐없이 채워져 있다.

Mission 3 루돌프가 얼마나 빨라야 해?

"자~, 이제 우리 최신형(?) '루돌프 썰매'가 얼마나 빨라졌는지 속도 테스트를 해야겠어요." 굴러스가 썰렁홈즈를 보고 말했다. "뭐해요? 전 세계 어린이들에게 선물을 모두 나눠 주려면 얼마나 빨리 달려야 하는지 알아봐야 한다고요!"

속도 단위인 초속은 1초에 이동한 거리를 나타낸다. 산타다 굴러스가 1km씩 떨어진 1억 6000만 가구를 31시간 동안 쉬지 않고 방문해야 한다. 첫 집도 굴러스가 있는 곳에서 1km 떨어져 있다. 그렇다면 초속 몇 km로 날아야 할까?

난이도 ★★★★☆
제한시간 20분

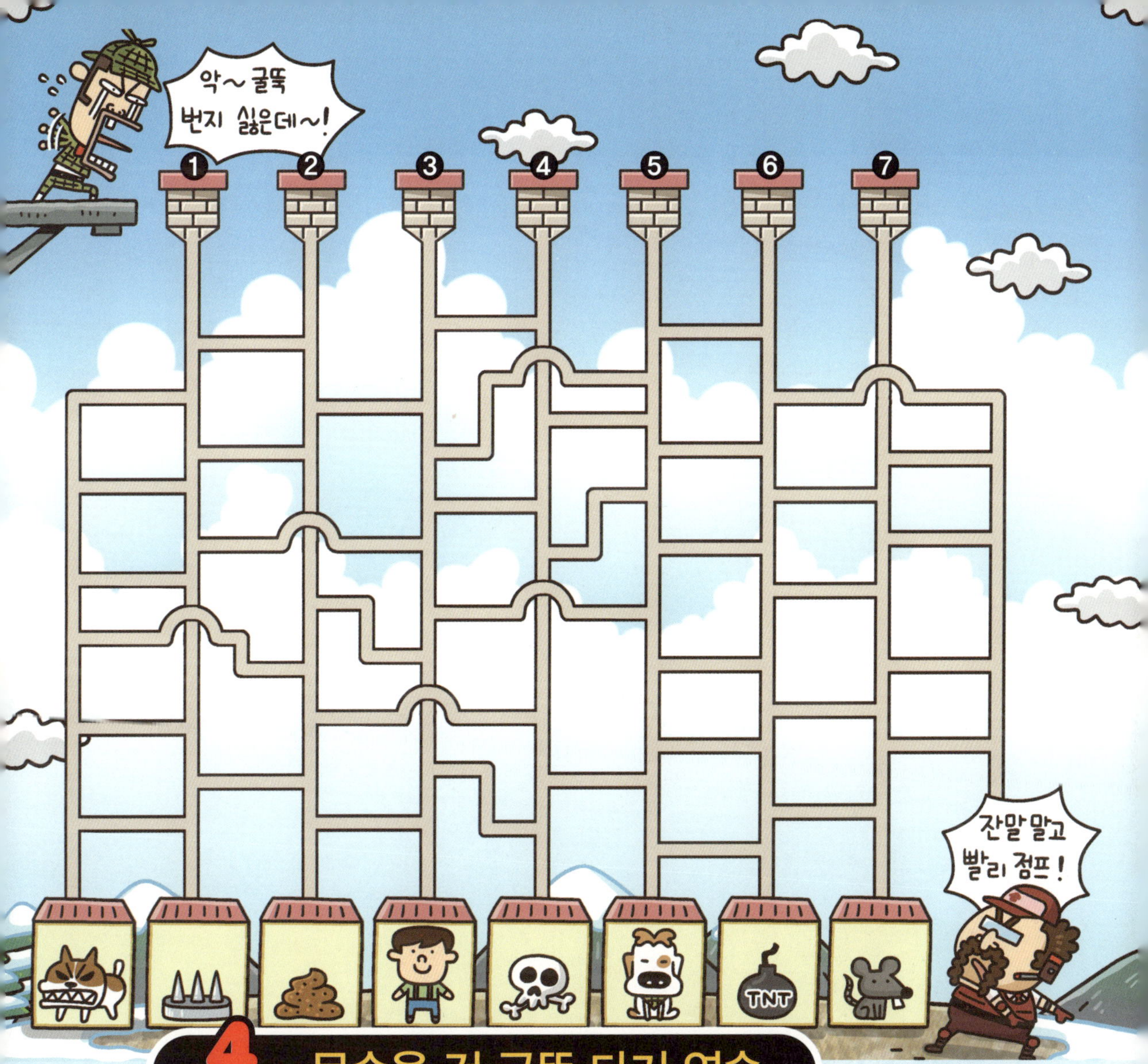

Mission 4 - 목숨을 건 굴뚝 타기 연습

"자, 모든 준비는 끝났습니다. 이제 마지막으로 굴뚝 타는 연습을 열심히 아주 열심히 해야겠어요." 산타다 굴러스는 특수 굴뚝 연습장으로 향했다. 그런데 굴뚝을 타는 게 아니라 굴뚝 번지라는…. "자~, 우리 함께 연습해 볼까요?"

사다리 타기와 같은 굴뚝이 있다. 어떤 굴뚝으로 들어가야 무사히 아이가 있는 집으로 갈 수 있을까?

난이도 ★☆☆☆☆
제한시간 5분

'지지리 마란드러'의 겨울 방학 숙제

"왔다네~, 왔다네~, 내가 왔다네~."

드디어 올 것이 왔다. 썰렁홈즈를 일 년에 딱 두 번 찾아오는 사람이 있다. 바로 썰렁홈즈의 조카인 지지리 마란드러다.

"으하하, 삼촌 잘 있었지? 나 보고 싶었쩌?"

일 년에 두 번 찾아오는 이유는 바로 방학 숙제를 해결하기 위해서다. 어김없이 올 겨울 방학 숙제를 들고 썰렁홈즈 앞에 나타났다.

"매년 보고 싶어서 놀러 오는 거라고 해놓고선, 결국 숙제 도와 달라는 거였잖아! 이번에는 안 속는다. 절대 네 숙제 안 도와줄 거야!"

Mission 1 — 이건 수학 숙제가 아니라고!

"삼촌, 생활 속 수학 이야기로 문제를 풀면서 수학 개념을 배우거든." "뭐? 생활 속 수학 이야기와 문제? 그게 뭔데?" "아휴, 뭐 그런 거 있잖아. 예를 들면 여기에 양동이가 두 개 있는데, 하나는 물을 50리터 담을 수 있고, 하나는 30리터를 담을 수 있어. 두 양동이를 이용해 정확하게 물 40리터를 뜨려면 어떻게 해야 할까?"

> 물 50리터를 담을 수 있는 양동이와 30리터를 담을 수 있는 양동이로 40리터를? 어떻게 하면 될까? 방법을 찾아보자.
>
> 난이도 ★★☆☆☆
> 제한시간 10분

Mission 2 - 이건 한자 숙제가 아니라고!

"너 이거 수학 숙제지."
"에이~, 삼촌도 정말. 올 겨울방학에는 숙제 없는 것 몰라? 그냥 궁금해서 그러는 거야. 그런데 삼촌 그거 알아?" 지지리 마란드러가 썰렁홈즈에게 또 문제를 냈다. "여기서 줄긋기를 해서 만들어지는 사각형은 과연 몇 개일까? 엄청 궁금하네."

한자와 뜻이 나열되어 있다.
줄긋기를 해서 생기는 사각형이 몇 개인지 맞혀 보자.

난이도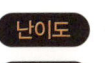
제한시간 10분

Mission 3: 이건 미술 숙제가 아니라고!

"이거 한자 숙제지!"
"아니야, 아니야! 삼촌도, 이번 겨울 방학에는 정말 숙제가 없다니까!"
아무래도 썰렁홈즈는 마란드러를 의심할 수밖에 없다.
"삼촌 그러지 말고, 우리 심심한데 그냥 그림이나 그릴까? 내가 문제 하나 낼게."
지지리 마란드러가 도화지를 펼쳤다. 거기에는 이미 어떤 그림이 그려져 있었다.

도화지에는 어떤 스케치가 그려 있다.
선을 몇 개 그어서 착시 그림이 되도록 바꿔 보자.

난이도 ★★★☆☆
제한시간 15분

Mission 4 이건 과학 숙제가 아니라고!

"마란드러, 너! 이거 미술 숙제 아냐?"
"에이 정말. 아니라니까. 근데 삼촌, 배고프지 않아? 삶은 달걀 먹을까?" 이번에는 무슨 속셈일까? 썰렁홈즈는 의심의 눈초리로 계속 지지리 마란드러를 바라보고 있었다. "큭 큭, 삼촌 삶은 달걀을 병에 넣는 방법 알지? 휴지에 불을 붙인 다음 달걀을 올려놓으면 불이 꺼지면서 달걀이 병 속으로 쏙~! 그런데 들어간 달걀을 어떻게 다시 빼지?"

병 속에 삶은 달걀이 들어가 있다. 어떻게 하면 다시 빼낼 수 있을까?

난이도 ★★★☆☆
제한시간 15분

사건 8

'만만바도 아우다라'의 초콜릿 공장

"우하핫, 내가 당첨됐어!"

썰렁홈즈는 기뻐서 펄쩍펄쩍 뛰어다녔다. 밸런타인데이 기념 초콜릿 이벤트에 당첨되었기 때문이다.

"하하, 이게 아우다라 초콜릿 공장 초대장이라고!"

당첨 선물은 바로 초콜릿 공장 견학이다. 전 세계 사람들이 가장 가고 싶은 곳 1위로 바로 아우다라 초콜릿 공장을 꼽았기 때문에 썰렁홈즈가 잔뜩 기대하고 있다.

"으하하, 여기에서 만드는 모든 초콜릿을 다 먹을 수 있다고!"

썰렁홈즈는 곧바로 아우다라 초콜릿 공장으로 달려갔다.

Mission 1. 뭔가 다른 카카오를 찾아라!

"반갑습니다. 제가 이 공장의 주인인 '만만바도 아우다라'입니다." 초콜릿 공장은 정말 동화 나라 같았다. 모든 것이 초콜릿과 사탕, 과자 같은 것으로 되어 있었다.

"초콜릿을 만들려면 주원료인 카카오가 필요합니다. 여기에는 모두 똑같은 카카오를 사용합니다…만, 누구야? 다른 카카오를 넣은 게?"

카카오 열매가 컨베이어 벨트를 타고 지나간다. 뭔가 다른 카카오 열매 다섯 개를 찾아보도록 하자.	난이도 ★☆☆☆☆ 제한시간 5분

Mission 2 초콜릿 강을 건너라!

"안녕. 난 룸파움파라고 해. 룸파움파~, 룸파움파~, 룸파움파~." 초콜릿 공장에서 산다는 요정 룸파움파가 나타났다.
"다음은 신비한 껌을 보여 줄게. 하지만 우린 초콜릿 강을 건너가야 한다고." 썰렁홈즈, 다무러, 아우다라와 룸파움파 세 명, 총 여섯 명이 건너야 한다. 어떻게 건너가야 할까?

배에는 두 명까지 탈 수 있고, 최소 한 명은 타야 움직인다. 강 양쪽에서 룸파움파와 다무러나 보통 사람이 같이 있을 때 룸파움파가 다른 이들보다 더 많이 있으면 룸파움파가 말썽을 부려 같이 있던 누군가가 다치고 만다. 어떻게 하면 무사히 강을 건널 수 있을까?

Mission 3 세상에 없는 신기한 풍선껌

"약속대로 신기한 풍선껌을 드리지요. 파란색 풍선껌은 좀 위험하니 신중하게 고르세요." 호기심 많은 다무러가 그만 위험하다는 파란색 풍선껌을 씹고 말았다.
"어? 다무러 몸이 커지고 있어!" 다무러의 몸이 풍선처럼 커져 버렸다. 다행히 다무러가 끈을 하나 잡았다. 다무러가 더 날아가지 않도록 잡은 끈을 찾아 보자.

풍선처럼 커진 다무러가 날아가려고 하고 있다. 다무러가 잡은 끈이 어떤 것인지 찾아서 날아가지 않도록 잡아 주자.

난이도 ★★☆☆☆
제한시간 10분

Mission 4 무지개 사탕 미끄럼틀

"자~, 이곳이 마지막입니다. 선물로 평생 아우다라 초콜릿을 먹을 수 있는 선물 교환 권을 드리지요." 썰렁홈즈는 감동의 눈물을 흘렸다. 환상적인 초콜릿 여행뿐만 아니라 평생 초콜릿을 먹을 수 있다니…… "어? 그런데 누가 이런 짓을? 무지개 사탕 미끄럼 틀의 색깔이 사라졌어!"

아우다라 초콜릿 공장의 마지막 출구는 무지개 사탕 미끄럼틀이 었다. 사라진 색깔을 예쁘게 칠해 보도록 하자.

난이도 ★☆☆☆☆
제한시간 20분

사건 9

거울 나라의 공주
반대루 댈레나

"치카, 치카, 치카~."

썰렁홈즈가 졸린 눈을 비비며 일어나 양치질을 하고 있다.

새벽부터 사건이 생겨 덜 깬 상태로 출동 준비를 서두르는 중이다.

그런데 이게 웬일? 꿈인지 생시인지 거울 속에서 누군가가 썰렁홈즈를 부르는 게 아닌가.

"저는… 거울 나라의 공주, '반대루 댈레나'라고 해요. 저를 좀 도와주세요."

썰렁홈즈는 깜짝 놀랐다. 도대체 무슨 일일까?

"그…, 그런데 제가 어떻게 도와드리면 되죠?"

말하는 순간, 썰렁홈즈가 거울 속으로 확 빨려 들어갔다.

Mission 1: 1+2+3+4+5=2?

"흑흑, 얼마 전 암흑 나라의 '부르끄리 캄카마게' 왕자가 우리나라에 쳐들어 왔어요. 문제를 풀지 못하면 저는 캄카마게 왕자에게 시집을 갈 수밖에 없어요." 불쌍한 공주를 위해서 썰렁홈즈가 도와주기로 했다.

"첫 번째 문제는 간단한 더하기 문제래요. 그런데 저는 더하기가 너무 무서워요…."

커다란 종이에 계산식이 하나 있다. 정사각형 거울 한 장을 이용해서 답이 2가 되도록 해 보자.

난이도 ★☆☆☆☆
제한시간 5분

Mission 2: 9개 정사각형이 16개로 변신

"호홋! 썰렁홈즈 정말 고마워요. 그런데 두 번째 문제를 풀지 못하면 저는 캄카마게 왕자에게 시집을 갈 수밖에 없어요." 썰렁홈즈는 두 번째 문제에도 도전하기로 했다.

"두 번째 문제는 도형 문제래요. 그런데 저는 도형이 너~무 무서워요…."

커다란 종이에 정사각형 아홉 개가 그려진 그림이 있다. 정사각형 거울 두 장을 이용해서 열여섯 개 정사각형으로 바꿔 보자.

난이도 ★★☆☆☆
제한시간 10분

Mission 3: 선 하나로 육각형 만들기

"에헷히! 썰렁홈즈 정말정말 고마워요. 당신은 생명의 은인이에요. 하지만 세 번째 문제를 풀지 못하면 저는 캄카마게 왕자에게 시집을 갈 수밖에 없어요." 썰렁홈즈는 슬슬 의심스럽긴 했지만 공주를 위해서 또 문제를 풀기로 했다. "세 번째 문제도 도형 문제. 도형은 정말 너무너~무 무서워요."

거울 두 개를 이용해서 선을 육각형으로 바꿔 보자.

난이도 ★★★☆☆
제한시간 15분

Mission 4 끊어진 다리를 이어라

"오홋호! 썰렁홈즈 정말정말정~말 고마워요. 하지만 이번은 너무 어려운 것 같아요. 마지막 문제를 풀지 못하면 저는 캄카마게 왕자에게 시집을 갈 수밖에 없어요."
썰렁홈즈는 이제 대놓고 공주가 의심스럽긴 했지만 마지막이라니 문제를 풀기로 했다.
"저기 끊어진 다리를 영원히 이으래요. 저는 다리가 너무너무너~무 무서워요."

중간이 끊어진 다리가 있다. 정사각형 거울 두 개를 이용해서 다리가 영원히 계속 되도록 이어 보자.

난이도 ★★★★☆
제한시간 20분

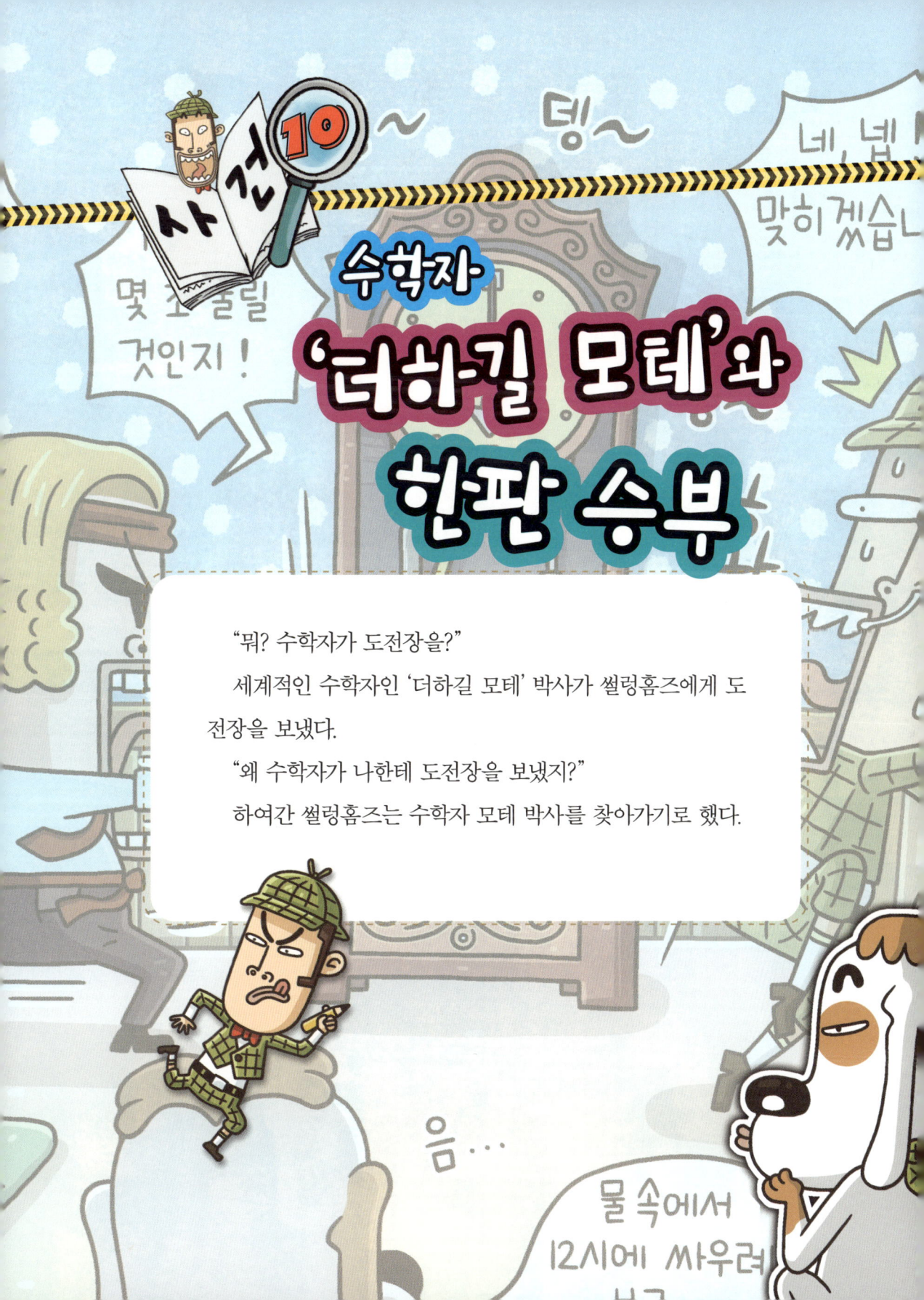

Mission 1. 3.5리터 물 채우기~!

"일단 물 채우기 문제 하나 풀고 갑시다!" 모테 박사는 썰렁홈즈를 만나자마자 문제를 냈다. 빈 통에 물 채우기 문제였다. "여기 부피를 거의 차지하지 않는 물통이 두 개 있어요. 하나는 5리터짜리, 다른 하나는 3리터짜리. 물은 정확히 5리터를 한 번만 담아 줄 겁니다. 5리터짜리 물통에 3.5리터만 정확히 채워 보세요."

물을 가득 채우면 5리터가 되는 물통에 3.5리터만 정확히 담으려면 어떻게 해야 할까?

난이도 ★★☆☆☆
제한시간 10분

Mission 2 종 치는 데 걸리는 시간은?

"두 번째 문제는 시간에 관한 문제입니다."
썰렁홈즈가 잠깐 기다리는 동안 괘종시계가 6시를 알리는 종을 여섯 번 울렸다. '땡, 땡, 땡, 땡, 땡, 땡~!' "첫 종이 울리고 마지막 종이 울릴 때까지 정확하게 5초 걸렸습니다. 그럼 12시에는 종이 몇 초 동안 울릴까요?"

6시를 알리는 종이 울리는 데 걸리는 시간은 5초. 같은 간격으로 종이 울린다고 가정했을 때, 12시에는 종이 울리는 데 몇 초나 걸릴까?

난이도 ★★☆☆☆
제한시간 5분

Mission 3 두 배로 자라는 나무

"이런 문제는 어때요?" 모테 박사가 뜬금없이 나무를 한 그루 가지고 나왔다.
"이 나무는 잎이 하루만에 두 배로 많아지는 신기한 나무예요. 만약에 이 방의 반을 채울 만큼 나뭇잎이 자라는 데 52일 걸렸다면, 이 방을 가득 채우는 데는 며칠이 걸릴까요?"

잎이 날마다 두 배로 많아지는 나무가 있다. 방을 가득 채우려면 며칠이 걸릴까?

난이도 ★★☆☆☆
제한시간 5분

Mission 4 가로세로 빈칸 채우기~!

"이제 마지막으로 빈칸 채우기 문제를 풀어 봅시다!" 모테 박사는 비장한 각오로 썰렁 홈즈에게 마지막 문제를 냈다. 빈칸 채우기 문제였다.

"가로세로 조건에 맞는 숫자를 넣는 문제지요. 아주아주 어려울…, 아니 어려워야 하는 문제입니다."

스도쿠라고 부르는 빈칸 채우기 문제다. 네모 칸 아홉 개로 이뤄진 작은 네모 블록에 1부터 9까지 들어가야 하고, 전체 큰 칸에도 가로 세로 모두 1부터 9까지 고르게 채워져야 한다.

※자료 출처 필라델피아 국제 스도쿠 대회

난이도 ★★★★★
제한시간 60분

사건 11

사먹스섬의 철학자 '삐딱꼬라스'

썰렁홈즈가 분주하게 짐을 싸고 있다.
"무러야, 일주일은 있어야 하니까 속옷이랑 잘 챙겨라~."
이번에 출장 가는 곳은 이탈리아의 유명한 철학자 피타고라스가 태어난 사모스섬 근처에 있는 사먹스라는 조그만 섬이었다. 철학자이자 수학자인 삐딱꼬라스가 썰렁홈즈에게 도움을 요청한 것이다.
"그런데 무슨 일인가요?"

Mission 1. 삐딱꼬라스의 몸무게는?

"내가 너무 말라서…, 의사가 경고를 했다네. 살을 찌울 수 있는 방법이 있을까?"
삐딱꼬라스의 고민은 바로 몸무게였다.
"그럼 일단 몸무게부터 재 볼까요?"
"잠깐! 내 입으로 직접 말하기는 좀 창피하네. 내 몸무게는 목성에서 재면 62kg이라고!"

각 행성마다 중력가속도가 다르기 때문에 물체의 무게가 달라진다. 목성의 중력가속도는 지구의 2.37배다. 목성에서 몸무게가 62kg이었다면 지구에서는 얼마나 나갈까?

난이도 ★★★☆☆
제한시간 15분

Mission 2: 하루 세 끼 1000kcal를 채워라!

"어휴~, 정말 이래서는 안 될 것 같아요. 일단 먹고 봅시다~!" 썰렁홈즈는 삐딱꼬라스를 위해서 식사 메뉴를 정하기로 했다. 하루 세 끼 각각 1000kcal가 넘어야 한다.

"음…, 대충 맞춰 봤는데…. 어느 때 뭘 더 먹어야 하지?"

각 음식을 100g씩만 먹는다고 했을 때, 하루 세 끼 중 칼로리의 합계가 1000kcal가 안 되는 식사는 어떤 것일까? 영양가가 부족한 식단에 적당한 음식도 직접 골라 넣어 보자.

난이도 ★★☆☆☆
제한시간 8분

100g당 주요 식품 칼로리

식품	칼로리	식품	칼로리
식빵	283	오렌지	46
흰쌀밥	372	토마토	14
라면	381	딸기	34
현미밥	350	햄	131
보리	349	돼지고기	300
파인애플	51	소고기	125
수박	37	콩나물	23
바나나	86	시금치	27
포도	59	마가린	758
복숭아	40	버터	745
사과	54	아몬드	606
키위	53	땅콩	562
귤	45	호두	674
배	43	당근	34

Mission 3 운동, 운동 그리고 또 운동!

"이제 많이 먹었으니까 운동을 해서 근육량을 늘립시다!" 썰렁홈즈는 삐딱꼬라스에게 운동하는 방법을 알려 주기로 했다. "자, 여기 운동 기구가 있어요. 어떤 것을 사용하실래요?" 삐딱꼬라스는 이미 지쳐 있어서 무거운 것을 들기가 너무 힘들었다.

운동 기구가 두 개 있다. 둘 중에서 힘이 덜 드는 운동 기구는 어떤 것일까? 운동 기구에 사용한 도르래의 무게는 모두 같다.

난이도 ★★☆☆☆
제한시간 10분

Mission 4 잠자리가 편안해야 한다!

"잘 먹고 운동도 했으니 이제 한 가지만 남았네요." 썰렁홈즈는 비장한 눈빛으로 삐딱꼬라스를 쳐다보았다. "뭐…, 뭐지?"
"뭐긴요. 잠을 잘 자야 한다고요. 아주 조용하고 특별한 침실을 마련했다고요!"

완벽하게 방음이 되도록 만든 침실로 가도록 하자. 5분 안에 침대까지 도착해 삐딱꼬라스가 얼른 잠을 자도록 돕자.

난이도 ★★☆☆☆
제한시간 5분

사건 12
전설의 마술사 '소깅거 다아라'

"자, 지금부터 전설의 마술사가 펼치는 화려한 마술쇼를 시작하겠습니다!"

썰렁홈즈가 다무러와 함께 마술쇼를 보러 왔다. 마술쇼를 처음 본 다무러는 정말 신기하고 재미있었다.

"그럼, 세계적인 마술사 소깅거 씨를 소개합니다~!"

헐~ 완전 신기!

Mission 1 미로가 정사각형 상자로 변신!

"먼저 두 분만 앞으로 나와 주시기 바랍니다." 마술사 소킹거는 썰렁홈즈와 다무러를 무대로 불렀다. "여기 미로가 있습니다. 벽을 네 장 움직여서 다무러와 썰렁홈즈 그리고 저를 가둘 수 있는 정사각형 상자를 만들어 볼까요?"

세 사람이 미로에 서 있다. 벽 네 장을 움직여서 정사각형 세 개를 만들고 세 사람을 각각 정사각형에 가둬 보자.

난이도 ★★☆☆☆
제한시간 10분

Mission 2 보자기에서 나온 것은?

"마술하면 빼놓을 수 없는 게 바로 보자기 마술입니다." 썰렁홈즈와 다무러는 무대에 올라온 김에 마술사를 돕기 시작했다. 마술사 소킹거는 보자기를 하나 준비하고 주문을 외웠다. "라와나야 기둘비~. 카운트다운을 해 주세요. 하나, 둘, 셋!"

'펑' 하는 소리와 함께 흰 연기가 뿌옇게 피어올랐다. 뭔가 나오긴 한 것 같은데 잘 보이지 않았다. 무엇인지 선을 이어 나타나게 해 보자.

난이도 ★☆☆☆☆
제한시간 10분

Mission 3 가시방석 위에서 달걀 세기

"이번에는 불가능에 도전합니다! 날카로운 가시방석 위에 올라가기!" 바닥에는 정말 무시무시한 가시가 돋아난 가시방석이 있었다.

"저…, 하하, 설마 제가 올라가는 건 아니죠?" 썰렁홈즈가 식은땀을 흘리며 말했다.

"무게 분산 몰라요? 발바닥에 체중을 고르게 실으면 아프지 않아요…."

결국 썰렁홈즈가 가시방석에 올라갔다. 들고 있는 달걀이 몇 개인지 맞혀 보자.

난이도 ★★☆☆☆

제한시간 5분

Mission 4: 불가사의한 코끼리 저울

"이제 마지막 마술입니다. 이건 사실 마술이 아니라 '레알'이에요."
썰렁홈즈는 뭔가 불안한 생각이 들었다.
"여기 저울이 하나 있습니다. 그리고 무게가 다른 코끼리 다섯 마리가 있지요. 저울에 코끼리를 올려놓고 들어 올립니다. 바로 이분이…."

코끼리의 무게는 각각 1t, 2t, 3t, 4t, 5t이다. 저울이 균형을 이루도록 하려면 어떤 코끼리를 어디에 넣어야 할까?

난이도 ★★☆☆☆
제한시간 8분

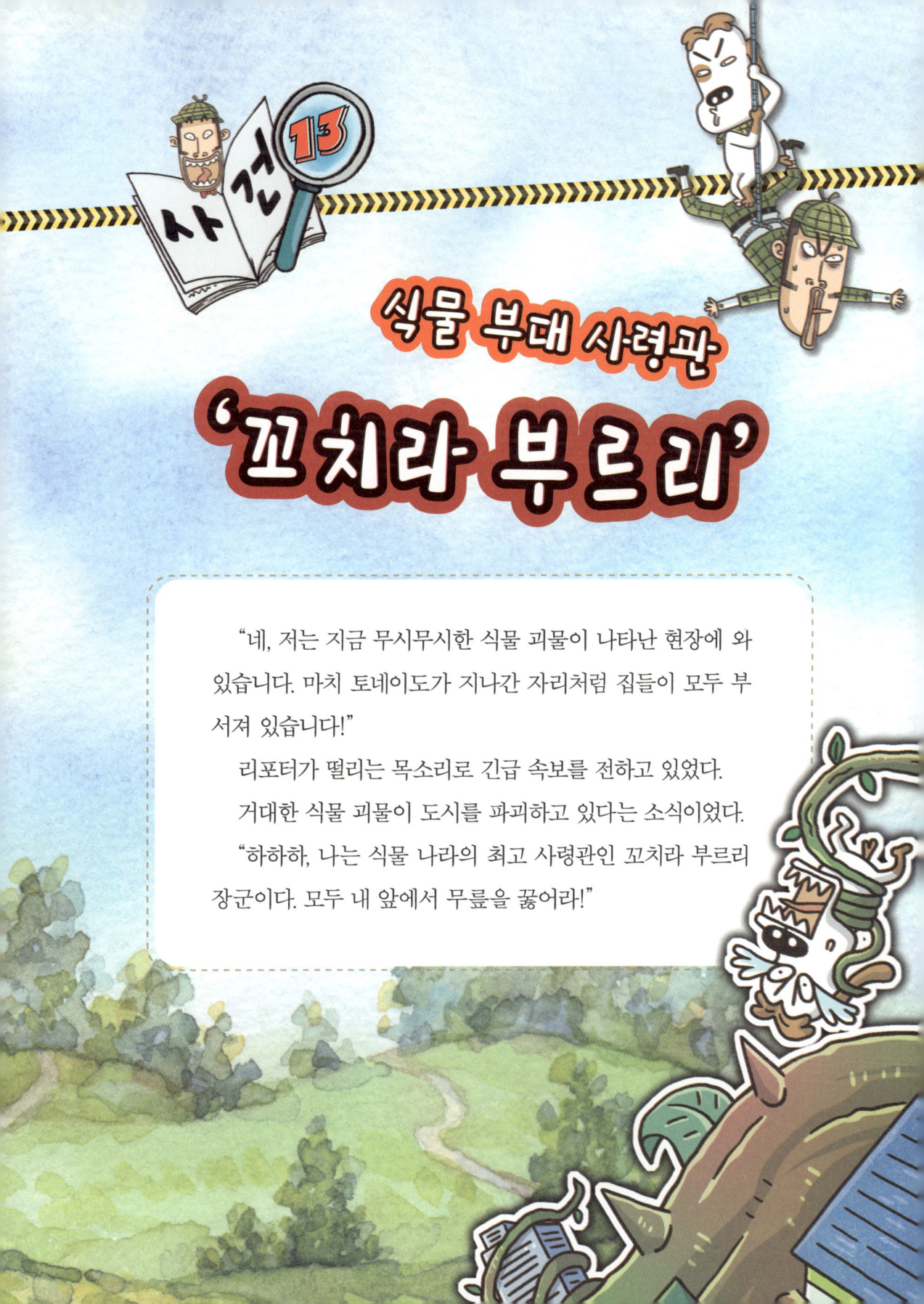

사건 13
식물 부대 사령관
'꼬치라 부르리'

"네, 저는 지금 무시무시한 식물 괴물이 나타난 현장에 와 있습니다. 마치 토네이도가 지나간 자리처럼 집들이 모두 부서져 있습니다!"

리포터가 떨리는 목소리로 긴급 속보를 전하고 있었다.

거대한 식물 괴물이 도시를 파괴하고 있다는 소식이었다.

"하하하, 나는 식물 나라의 최고 사령관인 꼬치라 부르리 장군이다. 모두 내 앞에서 무릎을 꿇어라!"

Mission 1 — 나무의 나이를 맞혀라!

식물 나라 꼬치라 장군이 식물 부대를 이끌고 지구를 정복하려고 나타났다.
"그동안 인간들은 식물을 너무 못살게 굴었다. 식물이 얼마나 위대한지 똑똑히 보여 주지. 내가 내는 문제를 맞히지 못하면 지구를 정복해 버리겠다!"
썰렁홈즈가 지구를 구하려고 직접 나섰다.

첫 번째 문제는 나무의 나이를 맞히는 문제다. 식물은 계절에 따라서 성장하는 속도가 다르다. 그래서 나이테가 생긴다. 나이테를 보고 몇 년 정도 된 나무인지 맞혀 보자.

난이도 ★☆☆☆☆
제한시간 5분

Mission 2 뿌리 끝 생장점을 찾아라!

"좋다. 아까는 연습이었다. 본격적인 문제는 이제 시작이다. 나무야, 자라라~!" 꼬치라 장군이 소리치자, 나무가 쑥쑥 자라기 시작했다. 세상을 모두 덮어 버릴 것 같았다.
"하하하, 나무가 자라는 걸 멈추려면 생장점을 찾아야 하지. 뿌리나 줄기 끝에 있어서 식물을 쑥쑥 크게 해 준다고!"

두 번째 문제는 나무속 미로를 지나 식물의 생장점까지 찾아가는 문제다. 생장점이 있는 뿌리 끝으로 가서 식물이 더 이상 자라지 못하게 막아 보자.

난이도 ★★☆☆☆
제한시간 10분

3 Mission 기공을 열어라!

"식물도 숨을 쉰다! 이산화탄소를 흡수하고 산소를 내 보내는 입구가 바로 잎에 있는 기공이다. 닫혀 있는 기공을 여는 게 세 번째 문제다!" 기공은 공변세포로 둘러싸여 있다. 잎에 수분이 많으면 공변세포 압력이 높아져 팽창한다. 팽창하면 기공이 열리게 된다.

잎에 나 있는 기공을 모두 찾아가 압력을 높여 기공을 열어 보자.

난이도 ★★☆☆☆
제한시간 10분

Mission 4 - 씨앗을 날려라~!

"이제 마지막 문제다. 식물은 자손을 번식시키기 위해서 씨앗을 멀리 보내지. 털이나 날개 모양의 구조를 이용해서 말이야. 그래서…." 마지막 문제는 씨앗 날리기다. 종이 한 장을 이용해서 헬리콥터처럼 빙빙 도는 비행기를 만들어 보자.

전개도를 이용해서 직접 만들어 날려 보도록 하자. 헬리콥터처럼 빙글빙글 돌면서 내려오면 성공! (헬리콥터 아랫부분에 클립을 끼워야 한다.)

난이도 ★★☆☆
제한시간 20분

① 거미줄 트램펄린
몸무게 상관 없이 자기 키의 세 배까지 올라갈 수 있음.

끄응, 이거 안전한거 맞나?

② 고무줄 트램펄린
자기 키의 두배까지 올라감. 대신 몸무게가 5kg 늘 때마다 자기 키의 반이 더 올라감. 반드시 10kg 안전 조끼 입을 것

③ 탄소나노튜브 트램펄린
자기 키의 세 배까지 올라감. 대신 몸무게가 10kg 늘 때마다 자기 키의 반이 떨어짐. 반드시 20kg 안전모 쓸 것.

④ 나무줄기 트램펄린
자기 키의 두 배까지 올라감. 대신 몸무게가 10kg 늘 때마다 자기 키의 반이 올라감. 꼭 30kg 안전 양말을 신어야 함.

Mission 1 : 스릴만점 방방이

"첫 번째로 검사할 장난감은 '스릴만점 방방이'입니다." 트램펄린 네 개가 있다. 하나는 거미줄, 하나는 고무줄, 하나는 탄소나노튜브, 하나는 나무줄기로 만들었다. 몸무게 60kg인 썰렁홈즈가 각각 직접 타서 확인하려고 한다.

썰렁홈즈가 가장 높이 올라갈 수 있는 트램펄린은 넷 중 어느 것일까?

난이도 ★★★☆☆
제한시간 10분

Mission 2 : 360도 안전 그네

"이번에 소개할 장난감은 그네입니다. 보기보다는 정말 안전해요."
한번 타기 시작하면 재미있어서 내려오기 힘들다는 그네였다. 그런데 문제는 얼마나 튼튼한지 썰렁홈즈가 직접 타 봐야 한다는 것!

그네는 나무로 만들었다. 녹슬지 않도록 나무못을 사용했는데, 나무못을 30개 이상 사용해야 안전 검사에 통과한다. 좌우 모두 공통된 부분에 못을 박았다고 했을 때 나무못 수가 30개가 넘는지 확인해 보자.

Mission 3 동물 친구 미로 정원

"이번에는 친환경 장난감이지요. 숲과 동물들을 만날 수 있어요."
미로 정원이다. 아이들이 즐겁게 놀 수 있게 나무와 동물들이 살고 있다. 안전하게 빠져 나오려면 어떻게 해야 하는지 썰렁홈즈와 함께 미로를 통과해 보자.

동물들이 모두 귀엽지는 않다. 이빨이 날카로운 무서운 동물을 피해서 미로 정원을 빠져 나와야 한다. 입을 다문 동물이 있는 곳은 지나갈 수 있다.

난이도 ★★★☆☆
제한시간 10분

Mission 4 내 친구 빌헬름 텔

"마지막으로 위대한 희곡과 스포츠가 결합한 장난감 중의 명작입니다."
유명한 희곡인 '빌헬름 텔'에서 영감을 얻어 만든 장난감이다. 마지막 장난감이니 만큼 신중하게 안전 검사를 해 보자.

사과에 화살을 쏘아 목표 점수를 맞히는 문제다. 지금까지 5, 7, 3, 4, 6을 맞혔다고 할 때 두 발을 더 쏘아서 합한 점수가 35가 되도록 해 보자. 단, 사과 한 개당 화살 한 발만 맞힐 수 있다.

난이도 ★★★☆☆
제한시간 10분

사건 15

홈즈의 체육 선생님 '캡틴 어무셔라'

오늘은 5월 15일 스승의 날.

썰렁홈즈는 선생님께 감사하는 마음을 전하고자 중학교 때 체육 선생님을 찾아갔다. 선생님은 지금 스포츠센터를 운영하고 있다.

"아이고~, 이게 누구야. 썰렁홈즈 아니냐?"

"네. 선생님, 오늘은 제가 선생님을 많이 도와 드리겠습니다."

내 소개는 안 하는 걸로!

Mission 1 청소는 깔끔하게~

"그래, 그럼 여기 청소부터 해 볼까?" 스포츠센터 바닥에는 운동기구가 어지럽게 널려 있었다.

"우선 운동기구들을 아홉 구역으로 나누어 보렴. 그런 다음에 치우도록 하자."

바닥에 운동기구가 놓여 있다. 바닥에 직선 네 개를 그어서 한 구역 안에 들어 있는 기구의 종류가 겹치지 않도록 아홉 구역으로 나눠 보자. 서로 다른 구역끼리는 기구 종류가 겹쳐도 되며, 모든 구역에 같은 수가 들어갈 필요는 없다.

난이도 ★★☆☆☆

제한시간 10분

Mission 2 운동은 균형 있게~

"녀석, 학교 다닐 때보다 더 똑똑해졌구나." 다음은 역기 무게를 맞추는 일이었다.
"아이고, 이제 나이가 들어서 그런지 좀 헷갈리는구나. 홈즈야. 네가 왼쪽과 오른쪽 무게를 좀 맞춰 줘야겠다."

역기에 끼우는 원판은 크기와 상관없이 색깔에 따라 각각 무게가 다르다. 오른쪽에 원판 다섯 개를 더 끼워 왼쪽과 무게를 맞춰 보자. 단, 초록색을 제외한 다른 색깔의 원판을 꼭 한 개 이상씩 끼워야 한다.

난이도 ★★☆☆☆
제한시간 10분

101

Mission 3 꼬인 건 풀어야지~

"너무 무리해서 운동하다간 저렇게 꼬인다구~!"
줄넘기 동호회에서 줄넘기를 하다가 줄이 그만 꼬여 버렸다.
먼저 각 줄이 누구 것인지 확인해야 풀 수 있다.

줄넘기 줄이 서로 꼬여 있다. 누구 줄넘기인지 찾아서 맞는 손잡이를 끼워 보자.

난이도 ★★★☆☆
제한시간 10분

Mission 4 쉬면서 달려야지~

"운동도 쉬어가면서 해야지 무리하면 절대 안 된단다."
네 사람이 열심히 러닝머신으로 달리기를 하고 있다. 하지만 너무 무리하면 안 된다.
열량 3000kcal 이상을 소모한 사람을 찾아서 알려 주어야 한다.

1km당 열량 300kcal가 소모된다. 또 10분에 100kcal 열량이 소모된다. 예를 들어 10분 동안 1km를 달렸다고 하면 400kcal가 소모되는 것이다. 다음 중 열량을 3000kcal 이상 소모한 사람은 누굴까?

난이도 ★★★☆☆
제한시간 10분

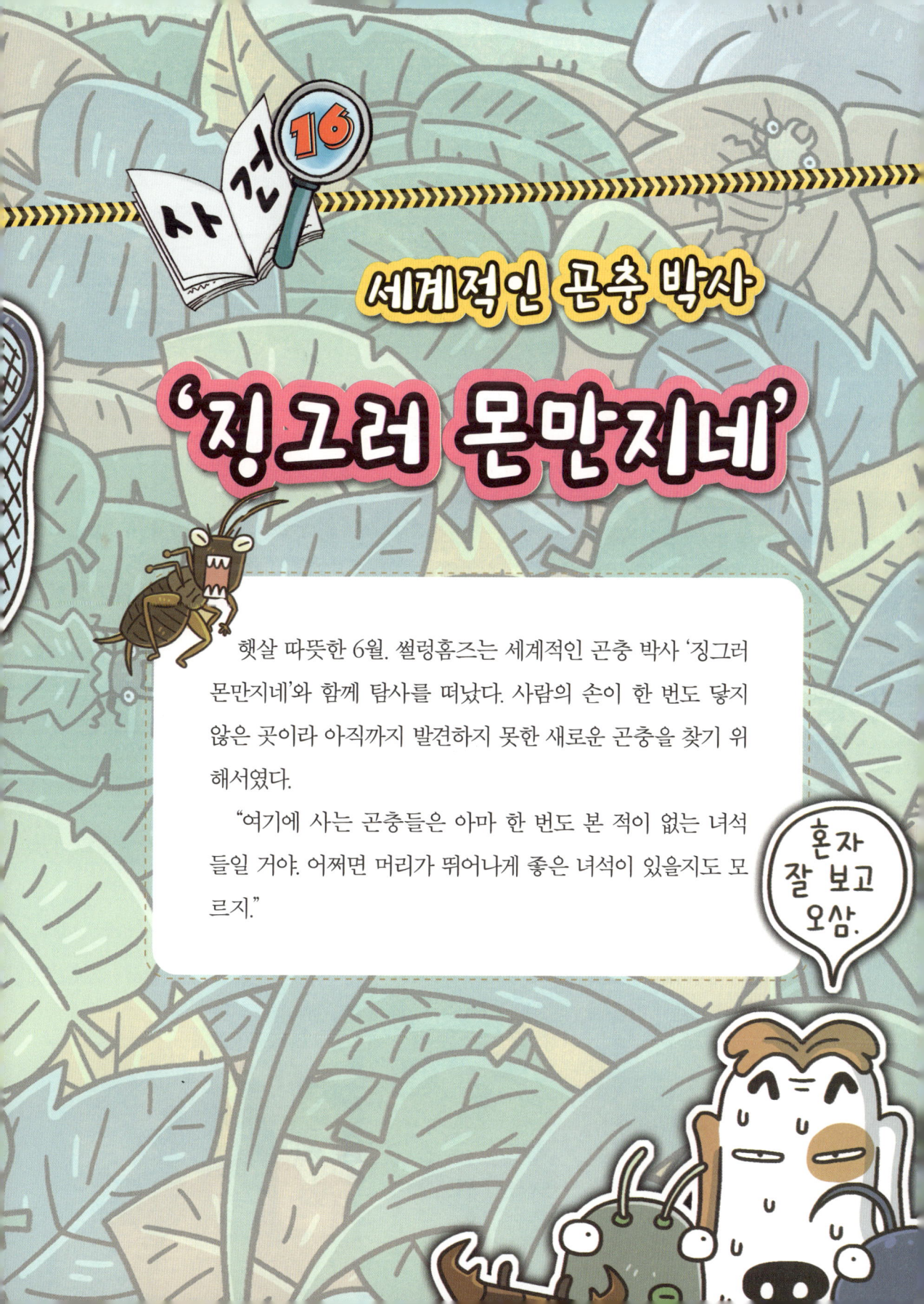

사건 16

세계적인 곤충 박사 '징그러 몬만지네'

햇살 따뜻한 6월. 썰렁홈즈는 세계적인 곤충 박사 '징그러 몬만지네'와 함께 탐사를 떠났다. 사람의 손이 한 번도 닿지 않은 곳이라 아직까지 발견하지 못한 새로운 곤충을 찾기 위해서였다.

"여기에 사는 곤충들은 아마 한 번도 본 적이 없는 녀석들일 거야. 어쩌면 머리가 뛰어나게 좋은 녀석이 있을지도 모르지."

혼자 잘 보고 오삼.

Mission 1: 잎을 잘라 나르는 잎꾼개미

"오호, 박사님! 여기 보세요!" 썰렁홈즈가 몬만지네 박사에게 소리쳤다. 바닥에 누워 있는 통나무 위로 개미들이 지나가고 있었다. "이 녀석들은 잎꾼개미라고 하지. 나뭇잎을 자르거든. 어? 그런데 뭔가 다른 녀석이 있는데?"

개미들이 나뭇잎을 잘라서 나르고 있다. 개미가 들고 있는 조각을 맞추면 완전한 나뭇잎 하나가 되어야 한다. 개미들 중 맞지 않는 나뭇잎 조각을 가진 한 마리는 누구일까?

난이도: ★★★☆☆
제한시간: 10분

Mission 2 곤충은 도대체 어디에?

"뭔가 수상한 녀석이야. 일단 한번 쫓아가 보자!" 다른 잎 조각을 가지고 있던 잎꾼개미 한 마리가 도망치기 시작했다. 몬만지네 박사와 썰렁홈즈는 개미를 쫓아 숲으로 들어갔다. "바…, 박사님 여기에 곤충이 있을 것 같은데요…. 왠지 좀 무서워…."

숨은 그림 찾기 문제다. 왠지 뭔가 나올 것 같은 나뭇잎들 사이에서 숨어 있는 곤충 다섯 마리를 찾아보자.

난이도 ★☆☆☆☆
제한시간 5분

107

Mission 3 : 다르게 소리 내는 곤충 음악가

"이건 무슨 소리지요?" 숲속으로 들어가니 음악 소리가 들렸다. 알고 보니 곤충 네 마리가 서로 싸우고 있었다.

"소리가 너무 안 맞잖아! 우리 중에 누군가 좀 이상한 녀석이 있다고!"

메뚜기, 방울벌레, 귀뚜라미, 매미가 서로 모여서 소리를 내어 합창을 하고 있다. 이 중에서 소리를 내는 방식이 다른 한 곤충을 찾아보도록 하자.

난이도 ★☆☆☆☆
제한시간 5분

Mission 4 색깔을 잃어버린 나비

"박사님, 여기에 희한한 나비가 있어요!" 썰렁홈즈가 다시 몬만지네 박사에게 소리를 질렀다. 몬 박사가 달려가 보니 나비 한 마리가 물가에서 쉬고 있었다.
"이런…, 이 나비는 원래 화려한 색깔을 가진 나비인데…. 썰렁홈즈, 자네가 나비 색깔을 칠해 주지 않겠나?"

나비 날개를 화려하게 색칠해 보자.

난이도 ★☆☆☆☆
제한시간 20분

사건 17

똑 소리 나는 교관 '대충하지 마림다'

6월은 나라를 지킨 분들의 뜻을 기리기 위한 호국보훈의 달이다. 썰렁홈즈는 뜻깊은 6월에 뭔가 의미 있는 일을 해 보고자 다시 군대에 들어갔다.

"자, 지금부터 훈련을 시작하도록 하겠다!"

철저하게 원칙을 지키기로 유명한 '대충하지 마림다' 교관이 훈련을 시작했다.

"으…, 왠지 조금 떨리는데…."

'대충' 박살

Mission 1 군인의 기본자세, 제식훈련

"지금부터 군인이 가져야 할 기본자세인 제식훈련을 하도록 하겠다!"
군인은 단체로 행동한다. 구령에 맞춰서 절도 있게 걷는 훈련부터 다시 배운다.
"앞으로 가! 좌향 앞으로 가! 우향 앞으로 가! 뒤로 돌아 가! 우향 앞으로 가! 제자리에 서!"

마림다 교관과 마주보고 서 있던 네 사람이 구령에 맞춰 걷기 시작했다. 구령에 맞게 제대로 행동한 사람은 누구일까?

난이도 ★★☆☆☆
제한시간 10분

Mission 2 — 몸 튼튼 마음 튼튼, 체력 훈련

"군인은 뭐니 뭐니 해도 체력이 좋아야 한다!"
다음은 체력 단련 훈련이었다. 길게 늘어진 밧줄을 타고 올라가야 한다.
위에 달린 종을 치기 위해서 어디로 올라가야 할까?

거꾸로 사다리 문제다. 종이 있는 부분으로 올라가려면 몇 번 줄로 올라가야 할까?

난이도 ★★☆☆☆
제한시간 10분

Mission 3 나는 최고 명사수, 사격 훈련

"군인의 생명은 소총이다! 지금부터 자기 총이 정확히 맞도록 영점 조절을 하겠다!" 총이 정확하게 발사되도록 맞추는 일을 영점 조절이라고 한다. 세 발을 쏜 다음, 세 발을 선으로 잇고 그 한가운데에 점을 찍는다. 그런 다음 조정 레버를 돌려 옮기면 된다.

오른쪽으로 치우쳤으면 L 방향으로, 왼쪽으로 치우쳤으면 R 방향으로 레버를 돌린다. 표적 한 칸에 레버 두 칸을 움직여야 한다. 얼마나 움직여야 할까?

난이도 ★★★☆☆

제한시간 15분

Mission 4 꼭꼭 숨어라 머리카락 보인다

"그럼 마지막으로 위험에서 몸을 보호할 수 있는 은폐와 엄폐에 대해 알아보겠다."
은폐는 단순히 자신의 몸을 피해서 숨기는 것을 말하고 엄폐는 총과 같은 무기 공격에도 보호 받을 수 있도록 어떤 물체로 몸을 가려서 피하는 행동을 말한다.

여기에 숨어 있는 군인들이 있다. 모두 몇 명이 숨어 있는지 찾아보자.

난이도	★★☆☆☆
제한시간	10분

사건 18
우리 동네 축구 감독 '메시가 혼난대두'

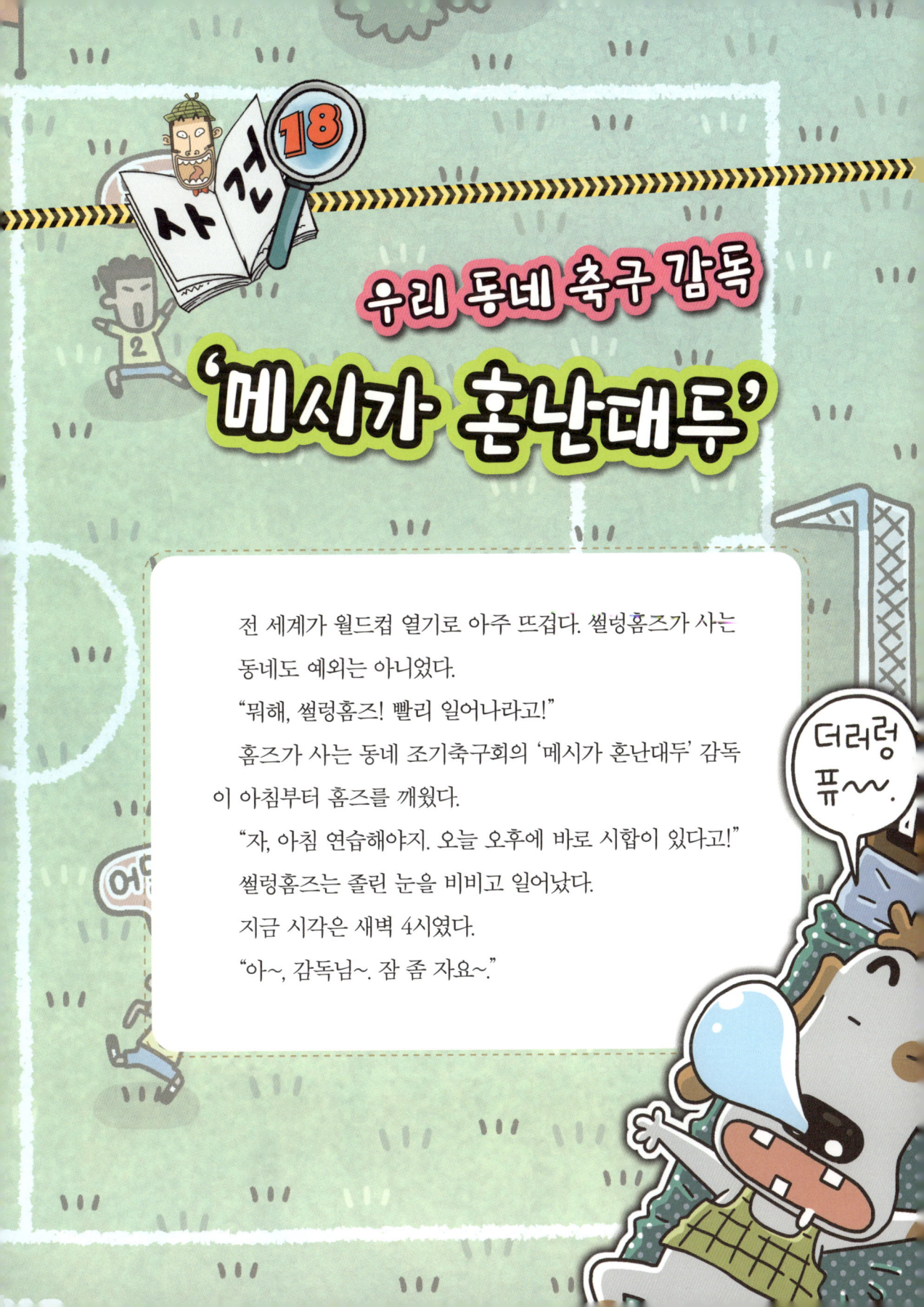

전 세계가 월드컵 열기로 아주 뜨겁다. 썰렁홈즈가 사는 동네도 예외는 아니었다.
"뭐해, 썰렁홈즈! 빨리 일어나라고!"
홈즈가 사는 동네 조기축구회의 '메시가 혼난대두' 감독이 아침부터 홈즈를 깨웠다.
"자, 아침 연습해야지. 오늘 오후에 바로 시합이 있다고!"
썰렁홈즈는 졸린 눈을 비비고 일어났다.
지금 시각은 새벽 4시였다.
"아~, 감독님~. 잠 좀 자요~."

Mission 1 페널티 킥 슈웃~!

"한번 페널티 킥을 차 볼까?" 골키퍼가 서 있는 하얀 직사각형을 '페널티 에어리어'라고 한다. 이 안에서 수비수가 반칙하면 상대 팀에게 페널티 킥이 주어진다. 골대로부터 페널티 킥 마크(페널티 킥을 차기 위해 공을 두는 지점)까지 거리는 11m! 골키퍼 외에는 모두 페널티 에어리어 밖에 있어야 한다.

동그랗게 자른 축구공을 페널티 킥 마크에 놓고 볼펜으로 밀어 슛 해 보자. 공의 뒷면에 두꺼운 도화지를 덧대면 더 잘 날아간다. 공이 골대 안에 들어가면 성공~!

난이도 ★★☆☆☆
제한시간 20분

Mission 2 수비수를 피해서 요리조리 드리블~!

"경기장에 대해서도 잘 알아야 해. 국제경기장은 길이가 100~110m, 폭은 64~75m여야 하지. 골대는 길이가 7.32m, 높이가 2.44m야. 이렇게 넓은 경기장에 수비수를 뚫고 골을 넣으려면 드리블 연습이 반드시 필요하다고. 자, 그럼 드리블 시작~!"

아까 잘라 놓은 공을 출발 지점에 놓고 볼펜으로 밀어 골을 넣어 보자. 단, 상대팀 수비수의 몸에는 닿지 않아야 한다.

난이도 ★★★☆☆
제한시간 20분

Mission 3 이제는 프리 킥이다~!

"브라질의 로베르토 카를로스 선수가 시속 150km로 프리 킥을 찬 기록이 있다. 공이 이렇게 빠른 속도로 날아가면 공 주위에 난류가 생겨 공기저항이 줄어든다. 대신 10여 m를 날아가면 공의 속도가 줄어들 수 있다. 그래서 프리 킥을 찰 때에는 수비수가 일정한 거리만큼 떨어져 있어야 한다."

프리 킥을 찰 때 수비수는 공으로부터 몇 m나 떨어져 서 있어야 할까? 규칙을 한번 알아보자.

난이도 ★★★☆☆
제한시간 10분

Mission 4 날아오는 공을 막아라~!

"이제 마지막으로 골키퍼 연습을 해 보자. 만약 시속 110km로 공을 찬다고 하면 0.4초면 골대에 공이 들어간다. 골키퍼가 공의 방향을 알아채는 데는 0.1초, 근육이 반응하는 시간이 0.1초, 골대 끝까지 몸을 던지는 데 0.73초가 걸린다. 결국 수학적으로는 막을 수 없다는 얘기다. 그럼 어떻게? 연습이다~!"

한 사람은 아까 만든 공을 볼펜으로 힘껏 밀고, 다른 한 사람은 골키퍼 라인에서 볼펜을 쥐고 기다리고 있다가 슛을 막아 보자.

난이도 ★☆☆☆☆
제한시간 20분

큰머리 외계인 '꽁짱마'의 지구 정복

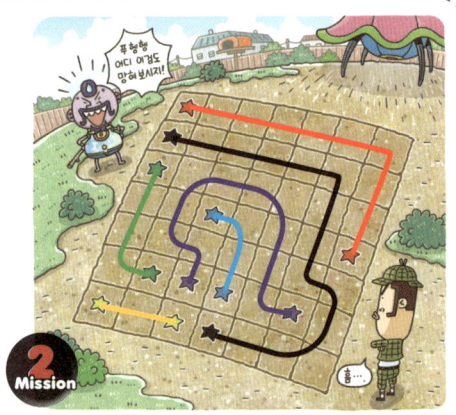

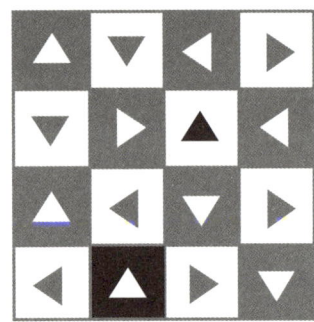

가로 한 줄에 동서남북 서로 다른 방향을 가리키는 삼각형이 하나씩 나와야 한다.

물 찬 꽁짱마 외계인 우주선

"에잉! 앙되겠다! 그냥 뭉응 훔쳐라!"

문제를 모두 맞혀 화가 난 외계인 꽁짱마는 그냥 지구의 물을 훔쳐 가기로 했다. 우주선을 가져다 놓고 지구의 물을 빨아들이기 시작했다.

"으하하하! 이제 지구의 뭉응 모두 우리 것이다!"

지구의 물을 모두 빼앗기게 생긴 위기의 순간, 그런데 이게 무슨 일. 물을 너무 많이 채워서 우주선이 날지 못하고 있다. 물을 가져가겠다는 거야? 말겠다는 거야?

이상한 철도 나라의 '내려스'

정답은 12번 기차의 다섯 번째 차량, 10번 좌석이다. 나와 있는 가로 숫자들의 합이 27이므로, 가로, 세로, 대각선의 합은 27이 되어야 한다. 또한 연속된 수 아홉 개가 나와야 하므로, 5에서 13까지 넣을 수 있다는 사실에서 정답을 찾을 수 있다.

1 Mission

2 Mission

3 Mission

유령 친구 수는 25.

4 Mission

④, ⑤, ⑥, ⑧, ⑨를 그림처럼 돌려 기찻길을 연결한다.

뜻밖의 마지막 이벤트 선물

"감사합니다~, 다음에도 또 찾아 주시기 바랍니다."

기차 여행이 모두 끝났다. 도대체 이벤트 선물인지 고생인지 모를 정도로 힘든 여행이었다. 그런데 아직 하나가 남아 있다.

"하하하, 감사합니다. 기차 여행을 즐기신 분들을 위해서 저희가 간단한 선물을 준비했습니다. 저희가 포장은 했습니다만 배달은 안 됩니다."

내려스가 준비한 선물은 썰렁홈즈가 타고 다녔던 기차이다. 이걸 도대체 가져가라는 거야, 말라는 거야?

숫자 퍼즐의 마술사 '팔각 공주'

시계 방향으로
1 - 3 - 8 - 4 - 5 - 6 - 2 - 7

③ 여덟 가지 색깔이 모두 여덟 번씩 등장한다.

90도씩 돌기 때문에 한 바퀴를 돌면 제자리이다. 8 물음표의 위치는 바닥면을 기준으로 180도를 돈 것과 같다.

9시 31분 15초

	팔각공주	썰렁홈즈
1	0초	5초
2	10초	15초
3	20초	25초
4	30초	35초
5	40초	45초
6	50초	55초
7	60초	1분 5초
8	1분 10초	1분 15초

썰렁홈즈의 첫 번째 임무!

"드디어 어과동 명예 기자가 됐다!"

썰렁홈즈는 기뻐서 눈물까지 흘렸다. 8년을 함께한 썰렁홈즈가 〈어린이 과학동아〉의 명예 기자가 되어 두근거리는 마음을 안고 첫 번째 취재를 기다리고 있다.

"좋았어! 썰렁홈즈. 자네에게 첫 번째 미션을 주지. 지금 헷갈리나가 감기에 걸려 사진 촬영을 못 하고 있어. 그래서 헷갈리나가 될 수 있는 영광을 주지." 여……, 영광 맞겠지? 지금 썰렁홈즈는 헷갈리나 코스프레를 하고 촬영하고 있다.

선물 발송의 달인 '산타다 굴러스'

❶, ❼, ❾, ⓭, ⓱, ⓲, ⓳, ⓴, ㉗, ㉚번 밸브를 열면 된다.

156개. 안 보이는 모습을 잘 생각해 보자.

속도는 이동한 거리를 시간으로 나누면 된다.
즉 (1km×1억 6000만 가구)÷(31시간×3600초) ≒1434km/s
(소수점 아래 반올림)

영광의 크리스마스 선물 배달

"드디어 배달의 그날이 왔습니다. 썰렁홈즈, 갑시다!"

산타다 굴러스와 썰렁홈즈가 출발했다.

이제 썰렁홈즈는 1억 6000만 *kg*이 넘는 무게의 선물을 싣고, 초속 1500*km*에 가까운 속도로 서른한 시간 동안 쉬지 않고 1억 6000만 가구의 집에 선물을 전달하고 올 것이다.

무사히 선물 배달을 마칠 수 있을까?

올 크리스마스가 즐거운 날이 될지 끔찍한 날이 될지는 이제 썰렁홈즈에게 달렸다.

'지지리 마란드러'의 겨울 방학 숙제

50리터 양동이에 물을 가득 담은 다음, 30리터 양동이에 부으면 50리터 양동이에는 물 20리터가 남는다. 20리터 물을 다시 30리터 양동이에 붓는다. 50리터 양동이에 다시 물을 가득 채우고, 20리터가 들어 있는 30리터 양동이에 물을 채운다. 그러면 10리터만 붓게 되어 50리터 양동이에 물 40리터가 남게 된다. 이 방법 외에도 다른 방법이 있다. 또 다른 방법도 찾아보자.

사각형 세 개가 생긴다.

네 군데를 선으로 연결하면 평면 그림이 구멍이 뚫린 입체 사각형처럼 보인다.

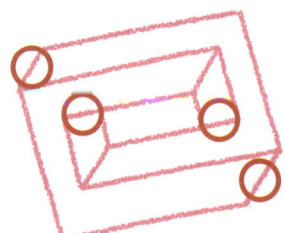

병을 거꾸로 뒤집은 다음 입으로 세게 바람을 불어 넣는다. 그런 다음 가만히 두면 삶은 달걀이 병 밖으로 빠져 나온다.

겨울 방학 숙제 끝~!

"와하하~! 드디어 겨울 방학 숙제 다 했다~!"
역시 지지리 마란드러의 목적은 겨울 방학 숙제였다. 사실 썰렁홈즈는 다 알고 있었다. 하지만 도와주고 싶어서 아무 말도 하지 않았다.
"헤헤, 삼촌 고마워~, 다음 방학에 또 놀러 올게~!"
흐뭇해하는 썰렁홈즈. 하지만 이게 웬걸?
지지리 마란드러가 숙제를 하느라고 썰렁홈즈 집을 엉망으로 해 놓은 게 아닌가.
"으휴~, 요 녀석, 내가 다음부터 도와주나 봐라!"
썰렁홈즈는 일주일째 청소를 하고 있다.

사건 4. 뱀 마을 아프리카 족장 '비아미 젤무서'

손가락으로 뱀 사이를 걸어가 보자. 뱀을 건드려서는 안 된다.

 Mission 1
 Mission 2

 Mission 3
Mission 4

가장 먼저 도착하는 사람이 이긴다.

뱀 마을 족장의 비밀

"앗싸~, 내가 이겼다!"
소리를 지르는 순간. 썰렁홈즈가 침대에서 굴러 떨어졌다. 알고 보니 꿈을 꾸었던 것. 허무해서 멍하게 있는데 초인종이 울린다.
"홈즈 씨 계세요? 택배예요."
'누가 보낸 택배지?' 썰렁홈즈는 택배 상자를 열어 보고 깜짝 놀랐다. 거기에 황금 코브라가 들어 있는 게 아닌가. 아니 그럼 이게 꿈이 아니란 말?

정답 및 해설 **127**

섭섭박사 vs 썰렁홈즈

정답은 마지막 버튼
- 새우 다리+낙지 다리
  =10개+8개= 18
- 정육면체 모서리+삼각형 변
  =12개+3개= 15
- 판다 왼쪽 발가락+코끼리 오른쪽
  발가락=6개+6개=12
- 2015년 1월 셋째 토요일
  =17일 = 17
- 정답은 16
  $11*11 \cdots \rightarrow (1+1)\times(1+1)= 4$
  $22*22 \cdots \rightarrow (2+2)\times(2+2)= 16$
  $33*33 \cdots \rightarrow (3+3)\times(3+3)= 36$

썰렁홈즈가 진다.
이기는 경우: 가위-보, 보-주먹, 주먹-가위
여섯 번 이긴 다음 남은 카드는 각각 가위바위보 카드 한 장씩이다. 이 중에서 두 번을 졌으므로 나머지 한 장으로도 질 수밖에 없다.

❶번이 박 기자이다.

내가 박 기자였지롱~

이번 마감은 썰렁홈즈 손에

"와우, 썰렁홈즈 정말 대단해요. 일일 명예 기자로 임명합니다!"

섭섭박사는 교정을 완벽하게 해낸 썰렁홈즈를 일일 명예기자로 임명했다.

"하하하, 이번 마감은 저 썰렁홈즈에게 맡기세요~!"

썰렁홈즈는 신나서 말을 했지만 금방 후회를 했다. 지금은 새벽 3시. 썰렁홈즈는 지금 밤새면서 '썰렁홈즈' 세 권을 마감을 하고 있다.

"섭섭박사! 도대체 어디 간 거야?"

'만만바도 아우다라'의 초콜릿 공장

룸파움파 두 명이 건너간다.
룸파움파 한 명이 돌아온다.
룸파움파 두 명이 건너간다.
룸파움파 한 명이 돌아온다.
썰렁홈즈와 다무러가 건너간다. 썰렁홈즈와 룸파움파 한 명이 돌아온다. 썰렁홈즈와 아우다라가 건너간다. 룸파움파 한 명이 돌아온다. 나머지는 룸파움파들만 왔다갔다하면서 모두 건너온다.

상상력을 발휘해서 재미있게 색을 칠해 보자.

달콤하고 위험한 선물

"와~, 정말 꿈만 같아~!"
썰렁홈즈와 다무러는 초콜릿 공장을 다녀온 기억을 영원히 잊지 못할 것 같았다. 게다가 평생 무료로 초콜릿과 사탕, 과자를 먹을 수 있다고?
"이제는 밥도 안 먹고 초콜릿만 먹을 거야!"
그로부터 석 달 뒤. 문제가 생기고 말았다. 너무 많이 먹은 나머지 갑자기 살이 찌고, 이가 썩으며 건강에 심각한 문제가 생겨 버렸다. 오늘은 썰렁홈즈가 치과 치료를 받는 날이다.
"으아아, 아프다고요! 나 이제 초콜릿, 그만 먹을래~!"

거울 나라의 공주 반대루 댈레나

1+…에서 + 중간에 거울을 한 장 놓으면 1+1이 된다.

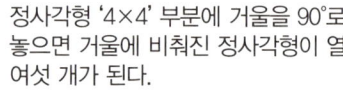

정사각형 '4×4' 부분에 거울을 90°로 놓으면 거울에 비춰진 정사각형이 열여섯 개가 된다.

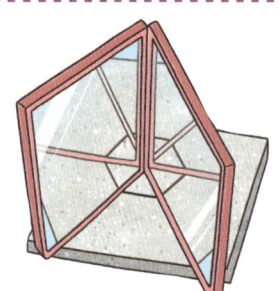

거울을 60° 각도로 놓고 그 가운데에 선을 가로로 놓으면 선 다섯 개가 거울에 비쳐 육각형이 생긴다.

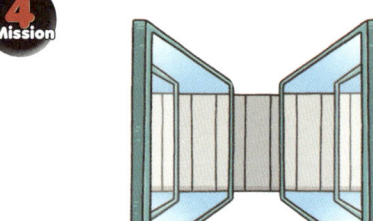

왼쪽에 끊어지지 않았던 다리 부분에 거울을 서로 마주 보게 놓으면 한쪽 거울에 반대편 거울이 비치면서 다리가 무한대로 이어진다.

세상에서 가장 황당한 결혼식

문제를 모두 풀었다. 하지만 이게 웬일?

"공주, 우리 둘(1+1)의 만남을 위해서 16년(정사각형)을 기다려 왔어요. 우리 왕국 최고의 보물인 육각형 다이아몬드를 결혼 선물로 드립니다. 제 사랑은 거울 다리처럼 영원할 거예요."

결국 퍼즐 문제로 청혼을 한 캄카마게 왕자는 공주와 결혼하게 되었다. 썰렁홈즈는 지금 불 꺼진 캄캄한 거울 예식장에서 주례를 서고 있다.

수학자 '더하길 모테'와 한판 승부

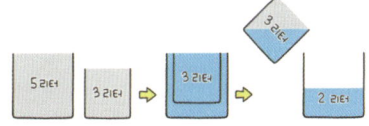

① 5리터 물통에 3리터 물통을 넣고 물을 가득 채운다.
② 3리터 물통을 밖으로 꺼낸다. 5리터 물통에는 물 2리터가 남는다.
③ 3리터 물통을 기울여서 반을 따르면 3.5리터가 5리터 물통에 남는다.

11초. 6시에 여섯 번 종이 칠 때 5초 걸렸다면 종 치는 간격은 1초이다. 12시에 열두 번 울린다면 초당 간격은 열한 번이므로 11초 걸린다.

정답은 53일. 52일이 되는 날까지 방의 절반이 되도록 자랐다면, 다음날인 53일에는 두 배로 자라서 방을 가득 채우게 된다.

국제 대회에 나오는 문제인 만큼 어렵지만 한번 도전해 보자.

모테 박사가 숨겨 놓은 비밀

"역시~! 썰렁홈즈 자네는 내가 가장 믿을 만한 사람이군."

문제를 모두 맞힌 썰렁홈즈에게 모테 박사는 아낌없는 칭찬을 했다.

"우리 아들이 말이지. 수학을 너무 못해. 자네가 좀 가르쳐 보지 않겠나? 내가 가르치려니 신경질부터 나서 말이지."

오늘도 썰렁홈즈는 밤새도록 모테 박사의 아들에게 수학을 가르치고 있다.

사먹스섬의 철학자 '삐딱꼬라스'

약 26kg. 목성에서 몸무게를 재면 지구에서보다 2.37배 무겁다. 목성에서 잰 몸무게를 2.37로 나누면 지구에서 잰 몸무게를 알 수 있다.

저녁 식사만 합계가 700kcal로 1000kcal가 안 된다. 적어도 300kcal가 넘는 음식을 추가로 골라 보자.

둘 다 똑같다. **움직도르래는 힘을 절반 정도로 덜 들게 해 주고, 고정 도르래는 힘은 같지만 방향을 바꿔 준다.** 따라서 두 장치에 들어가는 힘은 똑같다.

너도 이제 몸짱이 되어야지?

3개월 뒤 썰렁홈즈에게 초대장이 왔다.
"어? 하하하, 삐딱꼬라스가 스포츠 센터를 차렸다고 하네? 음, 내가 도와준 보람이 있군."

썰렁홈즈는 기쁜 마음으로 삐딱꼬라스가 운영하는 스포츠 센터를 찾아갔다.

"와하하! 홈즈~, 자네 덕분에 내가 이렇게 건강해졌네. 자네도 운동 좀 해야지?"

뭔가 복수의 향기가……. 하여간 썰렁홈즈는 지금 100만 번째 윗몸일으키기를 하고 있다.

전설의 마술사 '소킹거 다아라'

그림처럼 벽 네 개를 움직이면 정사각형 세 개를 만들 수 있다.

정답은 83개.

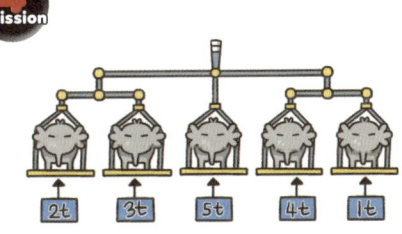

1t이나 3t 또는 5t을 가운데에 놓고 각각 양쪽 무게가 맞도록 놓는다.

물속에서 탈출하라~!

"우와~, 썰렁홈즈는 마술사도 아닌데 대단하네요~. 혹시 이런 마술도 될까요?"

마술사 소킹거는 커다란 수조를 준비했다. 그리고 썰렁홈즈를 쇠사슬로 꽁꽁 묶은 다음, 열쇠로 잠근 후 수조에 넣었다.

"여러분~, 썰렁홈즈가 어떻게 탈출하는지 지켜봐 주세요~!"

썰렁홈즈는 지금 30분째 물속에서 자물쇠를 풀고 있다. 살아 있기는 한 거냐······.

식물 부대 사령관 '꼬치라 부르리'

계절에 따라 성장 속도가 달라서 나이테가 생긴다. 정답은 17년.

전개도대로 잘라서 접은 다음, 아랫부분에 클립을 끼우고 날려 본다. 헬리콥터처럼 빙글빙글 돌면서 내려온다.

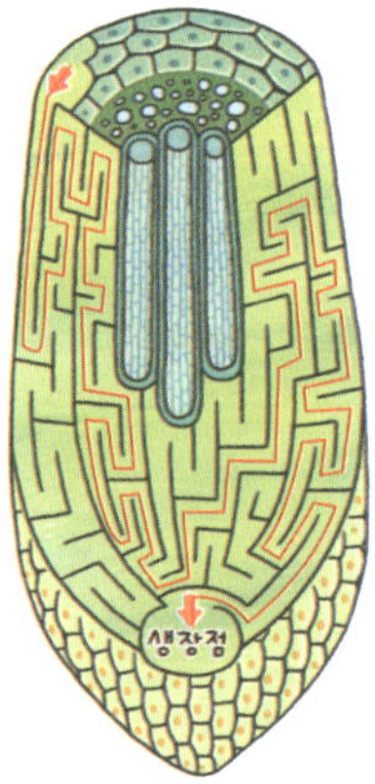

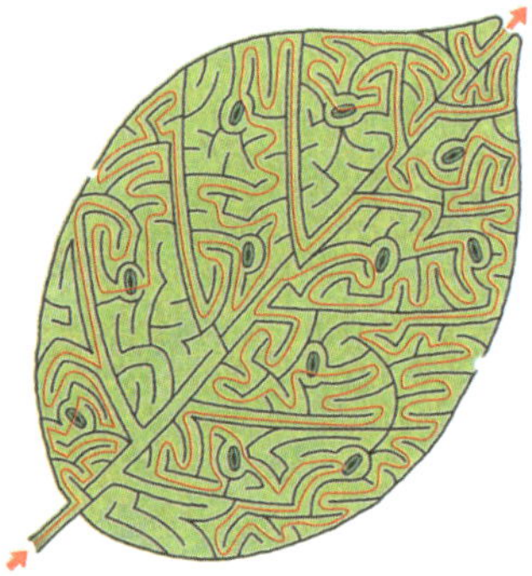

꽃이 가득한 나라~!

"하하, 썰렁홈즈 덕분에 지구를 살릴 수 있게 되었군."

꼬치라 장군이 크게 웃자 갑자기 주변이 꽃밭으로 변했다.

"자~, 이제 아름다운 식물 세상을 만들어 보자고~. 하하하하~!"

세상이 모두 꽃으로 변했다. 집도 전화기도 썰렁홈즈 옷도……. 썰렁홈즈는 지금 머리에 꽃을 꽂고 꽃다발을 목에 걸고 꽃마차를 타고 꼬치라 장군과 꽃길을 달리고 있다.

위대한 장난감 발명가 '애더리 시러라'

정답 ④번.
① 3배 ② 3배
③ 2배 ④ 3.5배
네 번째 트램펄린은 자기 키의 3.5배만큼 올라간다.

나무못은 모두 스물아홉 개가 있다.

무서운 동물을 피해서 무사히 빠져나와 보자.

❽, ❷번 사과. 미리 맞혀 놓은 사과의 합은 25이다. 두 개를 맞혀서 35가 되려면 두 개의 합이 10이 되어야 한다.

깔끔하지만 살벌한 청소 로봇

"감사해요. 올해도 안전하게 아이들이 장난감을 갖고 놀 수 있겠어요."

장난감 발명가 애더리 시러라는 썰렁홈즈에게 감사의 마음으로 스스로 청소를 할 수 있는 장난감 개 로봇을 하나 선물했다.

하지만 아직 안전 검사를 하지 않았다는 점! 썰렁홈즈는 이제 청소 걱정 없이 살게 되었다. 그 대신 겁에 질려서······.

홈즈의 체육 선생님 '캡틴 어무셔라'

40kg만 더 끼우면 되므로 '빨간색 세 개, 파란색 한 개, 노란색 한 개'를 끼우면 된다.

왼쪽부터 순서대로 ❶-A, ❷-D, ❸-E, ❹-C, ❺-B

왼쪽부터 첫 번째(3000kcal)와 세 번째 사람(4300kcal). 두 번째 사람과 네 번째 사람은 각각 2900kcal와 2400kcal를 소모했다.

대박 난 스포츠 센터

"선생님, 이렇게 조금이라도 도움을 드릴 수 있어서 감사했습니다. 앞으로 늘 건강하세요."

썰렁홈즈는 선생님께 감사의 인사를 드리고 가슴에 카네이션도 달아 드렸다. 그리고 한 달 뒤, 선생님이 홈즈에게 다시 전화했다.

"홈즈야, 이번에도 도와줄 수 있겠니?"

썰렁홈즈는 지금 새로 산 역기를 450개째 20층까지 계단으로 나르고 있다.

세계적인 곤충 박사 '징그러 몬만지네'

5번 개미가 가진 잎 모양이 맞지 않는다.

정답은 매미. 다른 세 곤충은 몸을 비벼서 소리를 낸다. 매미는 몸통 근육을 움직여 울림통을 울려 소리를 낸다.

나비 날개를 아름답게 색칠해 보자.

언제나 함께 사는 곤충들

"썰렁홈즈 덕분에 아주 즐거운 탐사였네."
"네, 저도 아주 즐거웠어요."
"네, 저희들도 아주 재미있었습니다."
알고 보니 곤충들도 즐거웠는지 썰렁홈즈에게 인사를 했다.
"우리는 친구~, 이제 친절한 썰렁홈즈와 늘 함께할게요……."
썰렁홈즈의 집에는 늘 곤충이 함께 산다.

똑소리 나는 교관 '대충하지 마림다'

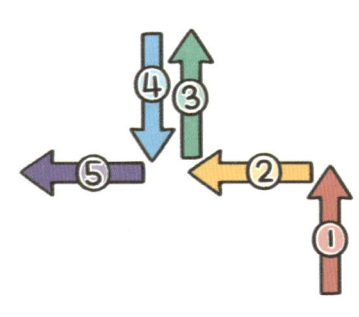

②번 군인만 제대로 맞춰 걸었다.

가운데 점이 표적 중앙의 일곱 칸 왼쪽에 있다.
R 방향으로 열네 칸 돌려야 영점이 맞는다.

6명이 숨어 있다.

썰렁홈즈 또다시 전역하다

썰렁홈즈가 모든 훈련을 마치고 전역을 하게 되었다.

"다시 얻은 경험을 소중히 여기고 앞으로 더 열심히 퍼즐을 풀겠습니다!"

집으로 돌아온 홈즈는 피곤해서 금방 잠이 들었다.

그런데 잠시 뒤.

"기상! 기상! 훈련생은 졸지 않는다! 훈련 시작!"

썰렁홈즈는 지금 군대 체험 무한 반복을 하고 있다. 홈즈야, 그래서 전역은 언제 하냐.

우리 동네 축구 감독 '메시가 혼난대두'

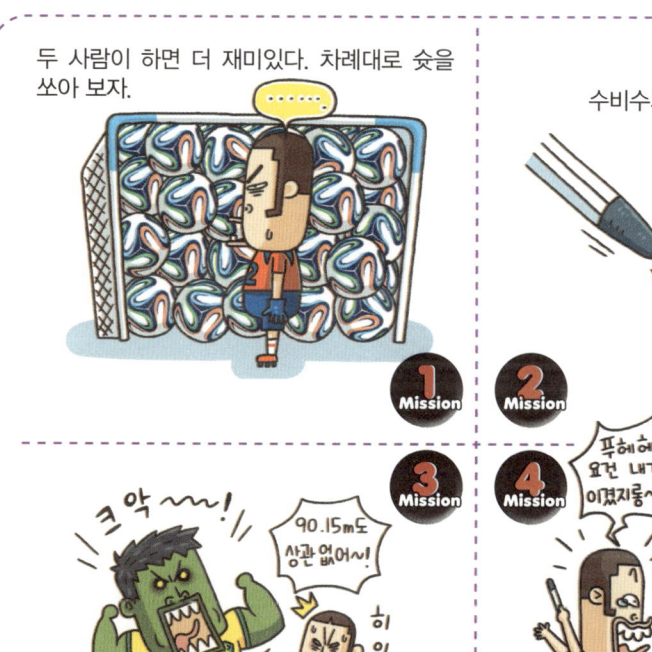

정답은 9.15m

두 사람이 역할을 바꿔 가면서 해 보자.

홈즈야~, 또 축구 하자~!

밤 11시. 썰렁홈즈는 혼난대두 감독의 등쌀로 초저녁부터 연습하느라 진땀을 뺐다.

경기는 다음 날 오후 4시. 홈즈는 간단히 샤워를 하고 잠자리에 들었다. 그런데……

"썰렁홈즈! 지금부터 연습해야지!"

그 시각은 새벽 1시. 결국 홈즈는 경기가 시작되기 직전까지 드리블 연습을 했다.